Como agarrar o seu amor pela magia

BREVIÁRIO DE SALAMANDRA

Maria Helena Farelli

Como agarrar o seu amor pela magia

BREVIÁRIO DE SALAMANDRA

13ª edição
3ª reimpressão

Rio de Janeiro
2019

Copyright©1986
Maria Helena Farelli

Produção editorial
Pallas Editora

Revisão
**Maria do Rosário Marinho
Heloisa Brown**

Capa
Anuska Design

Todos os direitos reservados à Pallas Editora e Distribuidora Ltda. É vetada a reprodução por qualquer meio mecânico, eletrônico, xerográfico etc., sem a permissão por escrito da editora, de parte ou totalidade do material escrito.

**CIP-BRASIL. CATALOGAÇÃO-NA-FONTE.
SINDICATO NACIONAL DOS EDITORES DE LIVROS, RJ.**

F23c

Farelli, Maria Helena.
Como agarrar o seu amor pela magia: o breviário de Salamandra (antigo Como agarrar o seu homem pela magia: o breviário de Salamandra) / Maria Helena Farelli - 13ª ed. revista e atualizada - Rio de Janeiro: Pallas, 2009.

156 p.
ISBN 978-85-347-0261-4

I. Magia. 2. Feitiço e sexo. I. Título. II. Título o breviário de Salamandra.

96-1491

CDD – 133.4
CDU – 133.4

Pallas Editora e Distribuidora Ltda.
Rua Frederico de Albuquerque, 56 – Higienópolis
CEP 21050-840 – Rio de Janeiro – RJ
Tel./fax: 55 21 2270-0186
www.pallaseditora.com.br
pallas@pallaseditora.com.br

SUMÁRIO

Prefácio ☆ 7

Quem foi Salamandra ☆ 11

A magia de amarração é tão antiga quanto a humanidade ☆ 13

Para os feiticeiros de primeira viagem ☆ 29

Desejo encontrar alguém pra ficar... ☆ 49

Incendiando corações ☆ 73

Acerte no alvo! ☆ 81

Do rolo ao namoro ☆ 99

Ponha lenha na fogueira ☆ 109

Os espinhos da roseira ☆ 121

Felizes para sempre... ☆ 133

Reacendendo a chama ☆ 139

Mensagem final ☆ 151

Obras consultadas ☆ 153

PREFÁCIO

Há muitos anos ofereço, no Templo de Magia Cigana, consultas de cartomancia com o antigo baralho do Tarô e o baralho Lenormand, aquele *naib* criado pela grande cartomante Mademoiselle Lenormand, confidente de Napoleão Bonaparte.

Dia após dia, desfilam pelo meu consultório as alegrias e os sofrimentos do amor. Sim, pois a maioria das pessoas que vai a uma vidente deseja saber sobre casos de amor, paixões desenfreadas que envolvem o coração numa luz matinal rosada, dores e abandonos que perturbam, como um demônio qualquer.

Vêm a mim pessoas maravilhosas, apaixonadas por outras que não valem um vintém de reza. Outras inseguras, fazendo de suas vidas um rebuliço, um corre-corre pelas cabanas e tendas de umbanda, à procura de feitiços de amarração. Outras, ainda, num deus-nos-acuda, querendo saber a vida de seus vários amores, marcados em reis de ouros e de copas, em valetes e damas do meu baralho. Sim, vem gente de todos os lados do Estado, chegam cartas do país inteiro, e sempre a tônica das consultas é o amor. Vou recolhendo em minhas cartas vinganças, desgostos, namoros, separações, engodos, as mil faces do jogo do amor.

"Nas cadeias de teu amor,
escravizada serve, meu senhor!"

Esta velha canção baiana pode revelar o amor como surge nas queixas dos clientes. E não apenas as ouço das mulheres. Muitos homens apaixonados, lastimosos, me procuram para fazer amarrações e adivinhar o futuro de seus amores. Sim, pois o amor nunca foi, nem será, uma tolice própria das mulheres, como dizem alguns indivíduos preconceituosos. Os homens amam, e muito, fazem versos e sonham, e criam vida em seu desabrochar apaixonado. E eles vão às cartomantes. E nos contam seus sonhos, suas mágoas, seus dilemas:

*"Quisera em seus braços morrer,
antes morrer do que viver assim..."*

Este canto de marinheiros de cais muito me parece descrever a paixão dos homens. Antes de morrer, eles me confidenciam seus amores, enquanto vou tirando as cartas. Ora vejo suas amadas damas, ah! as damas de naipes pretos, mentirosas, falsas em suas relações; ah! as damas de naipes vermelhos, loucas amantes, ricas em carinhos e dengos... Ora são os ciúmes, esse mal sem remédio, o que leio nas cartas. Vejo ciúme em sete de espadas, e logo o cliente me pede uma simpatia, um trabalho para acabar com ele e ainda deixar o seu amor preso como um cordeirinho...

Também encontro os amores discriminados pela sociedade, mas que são tão dignos de respeito quanto qualquer outro: são os homossexuais que me procuram em busca de solução para seus males de amor. E estes são muito mais complicados que os outros, pois não envolvem apenas as dores e as esperanças pessoais, mas as paixões mal recebidas, os afetos incompreendidos, as uniões envenenadas por intrigas e hostilidades. E para tudo isso vou retirando dos naipes as revelações e os conselhos.

    Foi por tanto encontrar os mesmos males de amor que decidi, além de fazer os trabalhos e ler a sina dos muitos clientes, escrever este livro simples, mas que leva a experiência de muitos anos de convívio com a magia, a força das estrelas, a força da natureza que é companheira do homem desde a pré-história, a magia que tudo pode.

    Nesta obra estão registradas algumas das amarrações que uso. Elas falarão de amor, este sentimento azul, nascido na fímbria do desejo, o que mais brilha, o maior de todos, a grande luz, o Sol do ser humano, que guia os seres como navegantes no mar da vida. As amarrações falarão ainda do ciúme feroz, livre ventania, louco temporal, enganosa maré que confunde o ser humano; e da paz do amor, que traça uma constelação de luz em nosso caminho largo e aprazível, rio calmo em remanso, viver feliz, o que todos queremos, além da saúde, da boa mesa e da fartura, marcadas no oito e no seis de ouros, no quatro de copas, no tarô cigano, no *naib* árabe, no baralho francês, no *i-ching* chinês, nas linhas das mãos, na bola de cristal...

A autora

QUEM FOI SALAMANDRA

As salamandras são os elementais do fogo. Apresentam-se como cobras vermelhas luminosas e são invocadas quando se acende uma vela ou uma fogueira, momento no qual se deve fazer o pedido que se quer ver realizado. Elas possuem uma força atrativa e vibratória com um ritmo especial ditado pelo fogo, caracterizado pelos estalidos que se ouvem enquanto ocorre a queima do combustível. As salamandras fazem parte da magia transcendental: o mago as domina e por meio delas pode tornar-se invisível.

As bruxas queimadas nas fogueiras da Inquisição muitas vezes invocavam os poderes das salamandras para se protegerem, o que criou a figura lendária da Bruxa Salamandra, ligada ao fogo e tida como poderosa nas magias amorosas (uma vez que o elemento fogo tem domínio sobre a sexualidade e a paixão). Alguns contam que, ao se dirigir para a fogueira, a Bruxa Beranda, que morreu queimada na França, no ano de 1577, perguntou em voz alta aos inquisidores: "Não vos recordais da última vez em que estivemos juntos no Sabá e quando vós leváveis os jarros de veneno?" Isso causou uma enorme confusão, postergando sua execução, e fez com que ela fosse considerada como a verdadeira Bruxa Salamandra.

O nome da Bruxa Salamandra tornou-se muito prestigiado entre as feiticeiras da época; ela foi sendo cada vez mais invocada nos feitiços de amor e, por isso, muitas fórmulas mágicas tomaram seu nome. Como era o costume daquele tempo, essas receitas foram mais tarde reunidas em um livreto denominado "Breviário da Salamandra", que tratava exclusivamente de magia amorosa. Esse livreto passou de geração em geração até chegar aos dias de hoje; mas permanecia sempre guardado como um grande segredo das feiticeiras que o recebiam de suas mestras e o passavam para suas sucessoras.

Em meados do século XX, quando as leis antibruxas foram derrubadas mesmo nos países mais conservadores, as antigas obras de feitiçaria mais ocultas começaram a ser divulgadas; entre elas estava o Breviário da Salamandra. Essa pequena mas preciosa obra foi a origem deste livro, que divulga suas magias, acrescidas de segredos de outras tradições, acumulados nos séculos que se seguiram à sua compilação inicial.

A MAGIA DE AMARRAÇÃO É TÃO ANTIGA QUANTO A HUMANIDADE

O amor é um jogo, com perseguidores e perseguidos, que prossegue até que dois apaixonados se encontram e descobrem a harmonia de seus sentimentos. E uma das mais conhecidas armas desse jogo, em todos os tempos e lugares, é a magia amorosa. Enganam-se os que pensam que esta serve apenas para os adultos desesperançados: a menina que enfia uma faca no tronco da bananeira em noites de Santo Antônio, o rapaz que procura uma poção que o torne irresistível e potente, todos os amorosos, desde a tenra idade de Romeu e Julieta, de Paolo e Francesca, apelam para os feitiços de amarração. Estes fazem parte da magia simpática, ou simpatia, pois usam materiais que se associam (são simpáticos com) àquilo que desejamos e pedimos com o feitiço.

A simpatia vem da magia da pré-história: nosso ancestral paleolítico legou-nos essa prática que até hoje usamos e que atualmente está muito em moda. Existe muito falatório sobre a simpatia em programas, livros e revistas. Mas, será que ela funciona? "Não creio em bruxas, mas que elas existem, lá isso existem", dizem todos...

A amarração de amor é o ato de atrair e prender uma pessoa através de vibrações ou trabalhos mágicos, tornando a pessoa 'magiada', encantada pela que fez ou mandou fazer a amarração. A magia de amarração sempre existiu. Se observarmos a primeira grande civilização africana, a egípcia do tempo dos faraós, nela encontraremos encantamentos de amor. Lá, antes do país ser unificado, havia grupos humanos (clãs) que viviam separadamente. Cada clã tinha suas divindades particulares, representadas por objetos, plantas e animais, como o lobo, o cetro, a faca, a lebre, a árvore, o crocodilo. Por esse motivo, muitos deuses egípcios tinham cabeças de animais; isto, juntamente com a mumificação dos corpos, foi sem dúvida o que mais despertou a curiosidade dos primeiros pesquisadores.

"O homem é o criador de deuses, os que estão nos templos, contentes com a aproximação do homem. Os homens os fizeram descer dos céus para fixá-los em suas moradas divinas." (Hermes Trimegisto)

Depois da unificação do reino, as antigas divindades locais deram origem ao panteon de deuses que, embora conhecidos em todo o país, eram padroeiros de cidades particulares. Em Heliópolis, por exemplo, reinava Atum; em Mênfis, o deus Ptah; em Edfu, Horus; em Bubastis, a gata Bastet. Cada um desses deuses também reinava sobre um aspecto da vida dos mortais. A luta entre o bem e o mal era representada pelas brigas entre Osíris (a luz) e Set (a escuridão); as deusas governavam o amor, a família, a fecundidade; e assim por diante.

Hoje em dia muitas pessoas pensam que os egípcios eram obcecados pela idéia de morte, devido aos seus ritos de mumificação. Mas isso não é verdade: os egípcios amavam a vida, como nos é demonstrado nos relevos das tumbas dos ricos senhores de então. Eles nos mostram cenas alegres, banquetes com fartas comidas, música e dança; as mulheres aparecem enfeitadas com belas roupas e jóias, pintadas com corroí, usando enfeites dourados nas tranças e brincos preciosos. Como essas cenas nos permitem imaginar, os egípcios amavam com intensidade e, como qualquer pessoa, em qualquer época e lugar, também apelavam para os feitiços de amarração.

Para fazer um encanto de amor, as mulheres egípcias pediam a ajuda da deusa mais dengosa e sensual, a amável Bast ou Bastet, representada por uma mulher com a cabeça de gata. Ela foi adorada na vigésima segunda dinastia egípcia. Invocada contra maus espíritos, era portadora de bom agouro. Era uma deusa guerreira, mas geralmente a consideravam pacificadora; por isso as magias amorosas eram feitas em seu nome.

Outra deusa importante para as mulheres era a poderosa Ísis, que reinava em Hebit, Coptos e Sais. Ela era a deusa do leste, a rainha da aurora, a Senhora da Vida, e sua alma vivia em Sothis, a estrela Sírius. Em seu santuário principal, chamado Neturu (os Divinos), ela era homenageada com ritos nos quais sua imagem era lavada, secada e perfumada com perfumes raros pelos seus sacerdotes, os únicos que podiam entrar no "santo dos santos" (o santuário interno). Ísis era a deusa da fertilidade e da magia, a grande-mãe dos egípcios, a terra a ser fecundada pelo princípio masculino, representado por Osíris, com o qual ela formava o par criador. Por isso, era invocada por homens e mulheres para atrair amantes.

"Olhai o céu com suas estrelas, seus lunares, suas nuvens; olhai a Terra com suas montanhas, seus rios e suas plantas. Tudo é expressão da vontade divina, do pensamento divino. O Cosmo inteiro é um livro, um gigantesco rolo de papiro saído das mãos dos deuses." (Hermes Trimegisto)

Os papiros egípcios nos contam as histórias desses deuses. Livros vindos da aurora dos tempos, guardados nas tumbas do Vale dos Reis, eles contêm fortes magias e rezas poderosas para que a pessoa possa viver feliz, encontrando sempre em seu caminho muito amor e alegria.

Os relatos que nos chegaram sobre a vida amorosa dos povos antigos falam também de coisas que a nossa sociedade moderna às vezes critica, mas que sempre fizeram parte da vida humana. Um desses aspectos é o homossexualismo. Essa prática sempre existiu através das eras históricas e, muitas vezes, esteve ligada às religiões e seitas mágicas. No culto da Grande-Mãe, a deusa que era a divindade suprema dos povos neolíticos, a classe sacerdotal a ela dedicada praticava o homossexualismo; há aproximadamente 8 000 anos, as guerreiras amazonas da cidade turca de Anatólia cortavam um seio para empunharem melhor o arco; na Grécia antiga, na ilha de Lesbos, Safo de Mitilene tinha um templo onde as moças iam aprender poesia e artes e no qual o homossexualismo era muito praticado, daí vindo o nome "amor lésbico". De igual modo, o homossexualismo masculino foi muito praticado na Grécia e em Roma, nos cultos de Dioniso, Pã, Príapo e Fauno, todos deuses de enormes falos, cujos sacerdotes eram homossexuais. Nas Américas, os xamãs sempre eram escolhidos por seus dotes mediúnicos e também por serem homossexuais. É claro, portanto, que os amores homossexuais também eram objeto das magias de amor e dos feitiços de amarração; e assim continuam até os dias de hoje.

Podemos extrair ainda da experiência da Antigüidade receitas simples e eficazes para aproveitar melhor o amor. Para os povos orientais, por exemplo, o amor é uma das formas pelas quais as pessoas podem aproximar-se dos deuses. Por isso, suas religiões têm, entre as escrituras, velhos tratados amorosos, como o Karna Sutra dos hindus. Antigamente, na China e na Índia, as jovens solteiras estudavam essas verdadeiras antologias de práticas sexuais, para aprenderem como viver em harmonia com seus futuros maridos. Essas obras, escritas há muitos séculos, contêm fórmulas poderosas que permitem a um casal atingir o máximo de prazer.

A magia amorosa também fez parte dos primórdios da vida européia. O povo celta, dono da mais antiga entre as grandes culturas desenvolvidas ao norte dos Alpes, sobre as quais chegaram notícias até nós, legou-nos belas magias e histórias de deuses que se amaram nas terras que deram origem às nações da Europa Ocidental e Central. Esse povo de estatura elevada, forte musculatura, pele branca, olhos azuis e cabelos louros, dominava o uso do bronze, de que fazia jarros e outros utensílios; e do ferro, de que fazia armas, rodas de carroça, enfeites e recipientes.

A vida cultural dos celtas, florescida na mesma época que a grega e a latina, era rica em encantamentos, visões de sonho e fantasia, todo um mundo sobrenatural de seres divinos que sobreviveram nas tradições da Irlanda e da Dinamarca, dos tempos em que os deuses Tara e Etain se casaram usando as guirlandas que seus filhos humanos deixavam "para eles na relva.

Druidas, bardos e vates eram os sacerdotes celtas. Os druidas tinham esse nome, derivado de raízes que significam "sabedoria do carvalho" (ou seja, uma grande sabedoria), porque, em sua prática mágica, eram muito ligados com os carvalhos, dos quais recolhiam o visgo, a sua planta sagrada. Os bardos e vates eram inspirados e visionários, que falavam com os deuses quando estavam em transe; eles adoravam Cernunos, Tarvos e Rianon, a grande rainha, senhora das horas de amor.

Na Irlanda, na Bretanha e na França, onde a tradição celta prosperou, seus principais deuses, como Dagda, Morrigan e Lug, eram adorados em encontros na floresta. Para eles, eram realizadas grandes festas; o povo acreditava que, nesses dias, as hordas mágicas saíam das grutas e dos morros e vinham reinar na Terra.

A maior dessas festas era conhecida como Samain: celebrada no dia primeiro de novembro, marcava o fim de um ano e o começo de outro. A segunda festa em importância era Beltine, em louvor de Belenus, o deus do fogo.

A solenidade do Samain era a hora mágica da união do deus tribal com a Grande-Mãe, representada pelo casamento sagrado do deus Dagda com a deusa Morrigan. Durante a festa eram abatidos os animais excedentes dos rebanhos e eram oferecidos sacrifícios à deusa-mãe, a primeira divindade criada pelos seres humanos, a deusa da terra que reinava sobre as colheitas, originária do período Neolítico.

Era comum, nesses festivais religiosos, que se fizessem magias para o amor. Como os ensinamentos mágicos desse povo não pertenciam somente aos sacerdotes, mas eram conhecidos também pelas mulheres celtas, as moças que queriam casar faziam oferendas para a antiga deusa-mãe, que elas chamavam Nemain ou Badb Catha.

Muitas vezes, a magia amorosa celta era feita em um caldeirão de ferro. Por este motivo, esse objeto foi considerado mais tarde como característico das bruxas; mas o caldeirão suspenso por uma corrente era usado pelas iniciadas na magia celta. As mulheres sentavam-se ao ar livre, sobre ervas ou peles espalhadas pelo chão. Preparavam uma refeição composta de carne salgada de carneiro, porco ou peixe, pois os trabalhos mágicos eram demorados. Uma fogueira era armada e acesa; e sobre ela era posto um caldeirão com ervas para fazer o chá ou as infusões mágicas. Algumas das receitas da magia celta são conhecidas até hoje; é comum que encontremos nelas oferendas de três elementos pois, para esse povo, o número três era sagrado.

Os feiticeiros medievais foram os continuadores da tradição dos sacerdotes celtas. Suas festas, realizadas ao ar livre, foram deturpadas e caluniadas pela Igreja: os rituais, conhecidos como *sabás*, eram considerados bruxaria e seus participantes eram condenados por feitiçaria. Mas eles não eram adoradores do diabo, e sim dos deuses celtas e da terra deificada, a grande-mãe. Feiticeiros e bruxas não trabalhavam para o mal, mas realizavam encantamentos para o amor, a saúde e a prosperidade.

Para muitos autores, a Idade Média, que se estendeu desde a fundação do Império Romano do Oriente (cuja capital era Bizâncio) até a tomada de Constantinopla pelos turcos, foi um período de trevas; mas muitos outros discordam disso. Nesse período criaram-se muitas das instituições que permanecem até nossos dias. A Igreja guardou a literatura antiga, principalmente a grega e a romana. Formaram-se as ordens comerciais, esboçaram-se os limites da Europa atual e criaram-se obras de arte maravilhosas, como as dos estilos românico e gótico.

Certamente havia aspectos desfavoráveis. Nas recepções reais, as exigências da etiqueta eram tantas, que tocavam as raias do ridículo. A mais simples ação elevava-se à dignidade de um ritual. Eventos hoje considerados de importância menor, como uma viagem, eram rodeados por mil cerimônias, já que, diferente de hoje, representavam real risco de vida. O mesmo acontecia com o amor: as famílias criavam tantas formalidades, que um jovem, para obter uma esposa, precisava de bênçãos, solenidades, fórmulas. De modo geral, os casamentos santificados pela Igreja eram os aprovados pela família, sem que, muitas vezes, a moça tivesse visto o rapaz anteriormente. Mas, apesar de tudo, o amor escorria pelas ruas lamacentas das cidades muradas de então, cantado nos belos versos dos trovadores.

Os trovadores do século XII eram a elite artística da Provença, mais tarde da França e de toda a Europa. Na Alemanha, eles eram os *minnesingers*, os cantores do amor (*minne*, em alemão, significa amor). Eles eram os poetas daquele tempo de cavaleiros e damas, de reis e rainhas. Cantaram o amor e fizeram crescer na Europa um clima de atração, de sexo, de adoração e luta pela amada, de ardentes declarações e de casamentos que ficaram na história. Cresceu a coragem de falar livremente e cantar o amor, o que era considerado muito perigoso, pois era um comportamento contrário à tradição cristã; efetivamente, isso causou uma importante revolução nos costumes do Ocidente.

É pelas artes que aprendemos sobre as formas do pensamento erótico da Idade Média. Nos belos quadros que mostravam um herói libertando uma virgem, o motivo sexual estava subjacente no dragão. O homem se apresentava como um cavaleiro com as armas e a cruz; a jovem, como uma pessoa fraca e desprotegida. Eram usados signos e figuras de amor, abandonados pelas épocas posteriores, como o simbolismo das flores, das pedras preciosas e das cores: se uma dama usava azul, por exemplo, isso significava que ela era fiel ao seu amor; já o verde indicava que ela tinha um novo amor.

"E assim, pelos olhos, o amor atinge o coração: pois os olhos são os espiões do coração. E vão investigando." (Guiraut de Borneilh, 1200)

Os cantares, as baladas só falavam de amor ou de guerras.

*"Como o Amor me atrai para vós,
Mas bem o percebeis sem que eu o diga."*

(Do "Castelo do Amor")

Foi um tempo romântico... todo bom príncipe tinha seu favorito; toda dama, seu cavaleiro apaixonado; a coragem, a honra e o amor imperaram nas trevas e luzes medievais. Talvez sejam lendas; mas ninguém pode negar que o amor de Sir Lancelote e Ginebra ainda nos enche o coração de ternura, mesmo tendo-se passado tantos séculos. E quem não se deixa encantar pela história de amor de Paolo e Francesca de Rimini? Sob as brumas da Idade Média, entre fogueiras da Inquisição e cavaleiros Cruzados, o amor floresceu, belo e colorido como o fôra na terra dos faunos, das ninfas e dos deuses gregos, séculos atrás.

Enquanto os trovadores cantavam o amor nos castelos, nas clareiras das matas os camponeses saudavam o amor através do culto da grande-mãe. Mesmo contra os sermões dos pregadores itinerantes, que iam de cidade em cidade proibindo o povo de ir aos sabás, o povaréu ia, dançava, festejava e fazia procissões campestres. Todos enfeitavam-se com guirlandas de flores silvestres, levavam palmas verdes, compartilhavam comida e vinho, dançavam e depois amavam-se livremente.

Fazer amor livremente era uma heresia, um adultério espiritual; e o resultado poderia ser o Inferno... mas, mesmo assim, os habitantes da Europa de então procuravam as mulheres sábias, parteiras, rezadeiras, conhecedoras de ervas, para preparar os feitiços que trariam a felicidade, atraindo o amor. Vieram desses tempos muitas amarrações de amor, feitiços antigos mas eficazes.

Esses feitiços vieram para as terras que os europeus chamavam de Novo Mundo na época dos descobrimentos. Foram tempos extraordinários aqueles da metade do segundo milênio da era cristã: com suas caravelas, os corajosos marujos empurraram as fronteiras do mundo e ampliaram os domínios da Europa. O mundo conhecido pelos europeus mudava à chegada de cada nau que sobrevivia aos perigos das expedições marítimas. Carregadas de ouro da Guiné ou de pimenta das Índias, as embarcações traziam uma mercadoria ainda mais atraente: a informação. Dogmas antigos desabavam. Medos acabavam, como o das serpentes marítimas que viviam nos mares e que ninguém encontrou. Velhas certezas foram postas a pique. Cabral descobriu, na misteriosa banda ocidental do mar Oceano, uma bela terra. Seus nativos talvez nem fossem descendentes de Adão, eles pensavam, mas eram belos e amistosos. A colonização começou.

No tempo em que os portugueses vieram para o Brasil, trazendo suas magias e mandingas, o problema mais comum entre os que levavam as pessoas a buscarem o socorro das feiticeiras era o eterno triângulo amoroso entre Reis, Valetes e Damas. Ninguém queria ser o Bobo do Tarô, ninguém queria ser carta fora do baralho. Do ciúme e do medo de perder o ente amado nasceram as amarrações, as mirongas de amor que são usadas ainda hoje. Aqui, na terra dos papagaios, na terra de Santa Cruz, da madeira resinosa, terra do Brasil, mil magias novas foram criadas... Como? Do sincretismo entre as tradições portuguesas e indígenas.

Os deuses dos índios eram os espíritos das matas; sua religião era a pajelança. A religião de Portugal era a católica, mas a ela o português incorporou elementos mouros, celtas, ibéricos. A mistura das duas fez surgir o primeiro culto de magia no Brasil: o catimbó.

Culto do sertão nordestino brasileiro, o catimbó fazia e faz belas magias de amor. No catimbó "baixam" espíritos de "caboclos" que usam cocares de penas, falam fumando cachimbo e dançam ao som do maracá. O mestre (chefe) defuma, receita e aconselha. Todos bebem jurema, misturada com cachaça. E, vindos das aldeias do além, os receituários mostram magias para casamento, encantamento, atração. Muitos feitiços chamam por Santo Antônio, o santo casamenteiro de Portugal, um dos santos mais invocados de mistura com os encantados, como mostra este 'linho' (canto) de catimbó.

*"Santo Antônio de Lisboa
que morou no Imperador
que no dia vinte e nove
muito choro me custou
abre campana das campanas azuis
ao caboclo de Jurema
vem guiado por Jesus."*

Coisas do Brasil, de capelas de beira de estrada, de filhos-de-santo, de defumação medicinal, de curpição, de santos brancos, negros e índios... e também dos amuletos, santinhos e balangandãs de todos os tipos, entre os quais os mais famosos são os baianos, as peças de madeira ou de metal não-maciço, toscas, mas de que todo mundo gosta. Os balangandãs da Bahia são revestidos de grande mistério e de lendas. Nos amuletos de prata e ouro estão gravadas crendices, lembranças de outros tempos, esperanças, fé... E nessa mistura há muito do drama e da força do povo moreno do Brasil.

Na ladeira do Pelourinho, com seu casario colonial e suas velhas igrejas, homens e mulheres trabalham os metais e as madeiras, preparam os balangandãs tradicionais, que trazem em si a alma do negro, com seus medos e superstições, e a alma do branco, dos bentinhos e escapulários, das crenças barrocas. Nas portas dos sobradões, o jacarandá, a prata e a peroba transformam-se em espadas, moringas, luas, figas, pequenos talismãs afamados em todo o Brasil. Junto à Igreja do Rosário dos Pretos vendem-se os mais belos, alegres e coloridos trabalhos artesanais: oxês de Xangô, o deus mais sedutor; arcos de Oxóssi, o amante de Oxum; meias-luas de Iemanjá, a grande mãe protetora dos casais.

A qualquer hora do dia, a bela, mansa e morena Lagoa do Abaeté é rodeada por vendedores de cocadas, acarajés, bolinhos, e também de patuás e amuletos. Com eles aprendi lendas sobre balangandãs, suas crendices e mitos. Dizem eles que nessa lagoa existem espíritos; que Iemanjá mora no Rio Vermelho, em seu castelo dourado, com paredes de espuma, mas vem passear em Abaeté, trazida por seus cavalos de prata. E a figa, um dos mais poderosos amuletos, pertence a Exu, seu filho mais endiabrado.

Para a crença do povo, a figa é o mais querido, o mais popular, o mais famoso e talvez o mais forte amuleto, o que correu além das fronteiras locais. Talismã propiciatório, a figa tem história e serve para muitas coisas. Diz a tradição que uma figa guardada no armário atrai dinheiro; se ficar junto ao dinheiro, faz com que ele se multiplique. Hoje ela é usada em todo o Brasil, em pulseiras, cordões, nas lojas, nas butiques, nos carros, nos trabalhos. Por quê? é que ela tem mironga, tradição. É a "isola", a sai-azar, a fecha-corpo... e também tem virtudes para a magia do amor, como você aprenderá mais adiante.

E assim chegamos aos dias de hoje, trazendo a sabedoria das bruxas e dos deuses do mundo inteiro, para servir aos desejos de felicidade e harmonia que o ser humano sente em qualquer época e lugar.

PARA OS FEITICEIROS DE PRIMEIRA VIAGEM

Suponhamos que esta é a primeira vez que você experimenta o caminho da magia. Você abre um livro e encontra frases assim: faça um chá... prepare um banho... faça um perfume com as essências... escreva o nome da pessoa... E você fica sem saber exatamente como fazer tudo isso. Será que os outros bruxos nascem sabendo essas coisas? Ou existe alguma confraria secreta onde eles aprendem os segredos da arte?

Sossegue: não ocorre nem uma coisa, nem outra. Essas práticas são simples, são quase como as receitas da cozinha, que qualquer dona-de-casa conhece, mas que são um mistério para os não-iniciados. Agora, você vai aprender o bê-a-bá da magia simpática, o que lhe permitirá fazer seus primeiros feitiços sem medo de errar. Com o tempo, você aprenderá mais segredos e poderá tornar-se mestre em feitiçaria.

Faz parte do conhecimento secreto saber em que fase da Lua um feitiço deve ser feito. Como dizem os astrólogos, a Lua é a maga do Zodíaco, e sem ela não se faz nenhuma mironga. Por isso, toda magia de amor deve ser feita na força da Lua, ou seja, na fase cheia ou na nova.

Embora os materiais usados nos feitiços possam variar muito, todas as magias amorosas levam mel, ingrediente básico nos feitiços de amarração: você sabe que é com os doces que se apanham as moscas, não é?

Outro mistério a ser aprendido é o de que, para fazermos esse tipo de trabalho, devemos saber o nome todo da pessoa que queremos prender pelo feitiço. Só o primeiro nome não serve, pois existem muitos Robertos e Antônios, muitas Marias e Danielas no mundo; por isso, precisamos identificar exatamente nosso amado (ou amada).

Finalmente, para usar a magia simpática, é conveniente que você obtenha um retrato, alguns fios de cabelo ou uma peça de roupa íntima do seu amor, pois muitos feitiços de amarração utilizam esses materiais.

Uma última observação: exceto quando houver uma indicação específica, os feitiços descritos adiante podem ser feitos indiferentemente por homens e mulheres. Este livro serve para uma gatinha recém-saída da infância, que está apenas começando a se interessar pelo amor; para uma jovem mulher em busca do par ideal; ou para uma tigresa mais madura, que sabe que a vida pode perfeitamente começar aos 40 (ou até mais tarde...). Serve também para um homem, seja ele um garoto que ensaia seus primeiros passos no amor, um jovem mais experiente ou um senhor que procura a felicidade, mesmo que tardia.

PERFUMES PARA O AMOR

Você já usou um perfume que aviva a sensualidade? Pois experimente, e verá que o céu terá mais estrelas em sua noite de amor. Dá gosto chegar perto de uma pessoa bem perfumada. Por isso, homens e mulheres, em todos os tempos e lugares, sempre usaram perfumes. Desde os mais pobres até os mais ricos, o gosto pelos bons cheiros, pelos aromas suaves de rosa e jasmim, de pinho e de sândalo foi uma constante.

Um leve toque de perfume tem efeitos mágicos: pode tornar uma pessoa misteriosa, ardente, desejável. Mas não é só a magia que defende os aromas: para a medicina, o pefume cria um clima especial, sensibiliza e estimula quem o sente. Cada aroma produz seus efeitos especiais. Por exemplo, o odor da lavanda combate a fadiga, evita a preguiça e, por isso, é ideal para a hora de acordar, para que a pessoa se sinta melhor pela manhã. Nervos fatigados respondem positivamente aos cheiros de canela, benjoim e madeiras do oriente. De acordo com essa teoria, a impotência pode estar ligada à incapacidade de sentir odores, e certos perfumes podem realmente estimular a sexualidade. Assim, a ciência e a velha magia estão de mãos dadas quanto ao valor do perfume para criar novidades e interesses no amor.

As primeiras notícias que temos sobre o uso dos perfumes no Ocidente remontam ao antigo Egito onde, segundo a tradição, o deus Thot (mais tarde chamado pelos gregos Hermes Trimegisto) ensinou a seus adeptos a arte de fazer perfumes destinados exclusivamente a aromatizar as imagens dos deuses; mas as mulheres egípcias tinham em seus toucadores sofisticados estojos com todo tipo de aromas, importados dos países da Mesopotâmia, onde eram cultivadas as árvores produtoras das mais famosas resinas e das madeiras mais perfumadas. Nesses tempos antigos, os perfumes eram comercializados por caravanas de mercadores, transportados em vasos de alabastro, terracota ou ágata; e eram caríssimos.

Os judeus aprenderam a fabricar óleos perfumados nos tempos em que viveram como escravos no Egito. Depois de sua libertação, levaram esse conhecimento para a Terra Prometida; os relatos a respeito encontram-se na Bíblia. No Êxodo são descritos os perfumes sagrados cuja composição foi determinada pelo próprio Deus, quando este deu a Moisés as instruções sobre o culto religioso israelita. Esses perfumes eram feitos com resinas (como a mirra e o gálbano), cascas aromáticas (como a do cinamomo), outros vegetais (como a cana odorífera e a cássia) e incenso puro (olíbano).

A julgar por sua composição, esse aroma era austero e pesado, em vez de encantador. Esse perfume específico era usado somente para homenagear a Deus; seu uso profano era um sacrilégio. Entretanto, não era proibido o uso de outras misturas para diferentes finalidades, como a aromatização de bebidas e o uso pessoal. As mulheres, além de trazerem do Egito o conhecimento dos ungüentos e óleos perfumados, buscaram com os mercadores fenícios a sabedoria das sacerdotisas dedicadas ao culto de Astarté, a Afrodite babilônia; e assim aprenderam a arte de usar os aromas para encantar seus amados.

Na Roma antiga usavam-se dezenas de ungüentos perfumados. O mais comum, o óleo de rosas, chamava-se Rhodion; ele pode ser imitado hoje em dia misturando-se óleo de amêndoas e essência de rosas. Os homens geralmente usavam o Narcissum, que pode ser feito com óleo de amêndoas e essência de narciso.

Já na era cristã, a produção de perfumes desenvolveu-se, com a criação de técnicas mais sofisticadas. Em Bizâncio (atual Turquia), Nicolau de Alexandria escreveu tratados sobre a produção de perfumes. Cientistas islâmicos inventaram a serpentina, o que permitiu a produção de soluções concentradas das essências por meio da destilação de infusões aromáticas. No fim do século XIII, Pierre de Paris escreveu um tratado sobre perfumes, falando especificamente sobre aromas usados em bruxaria.

Desses tempos nos ficaram muitas receitas de perfumes mágicos. Alguns podem ser encontrados prontos; a maioria, entretanto, como é destinada a um uso mágico específico, precisa ser preparada pela combinação dos aromas indicados na fórmula.

Se você quiser fazer seus perfumes em casa, providencie o material relacionado a seguir, que pode ser adquirido em lojas que vendem materiais para perfumaria artesanal.

- 860ml de álcool de cereais (um litro menos um copo pequeno, dos de 140ml, geralmente usados para geléias).
- 30ml de essência do aroma desejado. Se quiser misturar dois aromas, use 15ml de cada;

cada; se quiser misturar três, use 10ml de cada; e assim por diante.

- 10ml de fixador para perfumes.
- 70ml de água filtrada (meio copo pequeno, do mesmo usado para medir o álcool).
- Um frasco escuro ou opaco, com tampa, com capacidade para um litro (pode ser a garrafa do álcool).

Misture o álcool com o fixador, agitando bem. Adicione a essência. Tampe o frasco e guarde por quatro dias, em lugar escuro. Junte a água, misturando bem, e guarde por mais três dias.

Os perfumes mágicos, cujas receitas você encontrará adiante, devem começar a ser feitos no primeiro dia da Lua cheia, cuja força vai fazer com que as essências fiquem firmes, fortes e ativas. Depois de passados os sete dias da Lua cheia (a grande Lua, como a chamam os ciganos), os perfumes estão prontos para serem usados.

Quem for alérgico a alguma das substâncias usadas não deve fazer o perfume, pois o resultado não será bom. Quem for feito no santo (na umbanda ou no candomblé) deve tomar cuidado: se houver quizila de santo, isto é, se alguma das essências não for do agrado do seu orixá, também não faça, pois irá ter problemas. Pessoas nessa situação devem perguntar ao seu santo o que pode ser usado por elas, para evitar dificuldades.

POÇÕES, FILTROS E ELIXIRES

Poções e chás são nomes usados tanto para bebidas mágicas, quanto para fórmulas medicinais. O filtro ou elixir de amor é geralmente uma beberagem feita para despertar as paixões, embora, às vezes, o termo "filtro" também seja usado para indicar um perfume mágico. As receitas conhecidas são muito antigas e são o grande segredo das bruxas de todos os tempos. Esses vários tipos de bebidas podem ser feitos do mesmo modo, como uma infusão ou cozimento de ervas em água, embora eventualmente possam ser usados outros líquidos, como leite e suco de frutas.

Os ingredientes para uma dose são os seguintes:

- Uma xícara de chá de água.
- Uma colher de sopa cheia de erva (ou mistura de ervas) picada.
- Uma panelinha com tampa.

Se estiver usando folhas ou flores, que são mais delicadas, coloque a água pura no fogo. Quando levantar fervura, junte as ervas, desligue o fogo, tampe a panela e deixe descansar por 20 minutos antes de tomar.

Se estiver usando cascas, raízes ou sementes, que são mais duras, coloque-as dentro da água fria e leve ao fogo. Quando levantar fervura, abaixe o fogo, tampe a panela e deixe cozer por uns dez minutos. A seguir, desligue o fogo e deixe repousar por 20 minutos antes de usar.

Existem ainda receitas mágicas que levam vinho ou aguardente; mas como a intenção é que este livro possa ser usado também por jovens, elas foram substituídas por fórmulas isentas de bebidas alcoólicas, as quais servem apenas para que a poção se conserve fora da geladeira.

BANHOS DE CHEIRO

Existem vários modos de fazer um banho mágico, usando os aromas desejados. Se for utilizar ervas frescas, você precisará dos seguintes ingredientes:

- Dois litros de água.
- Uma xícara de chá de ervas picadas (as indicadas na fórmula do banho a ser preparado).
- Uma panela.
- Um recipiente para o líquido pronto.
- Um coador.

Leve a água ao fogo. Quando levantar fervura, junte as ervas, desligue o fogo (ou deixe cozer um pouco, se estiver usando cascas ou raízes) e deixe esfriar. Outra forma de preparar o banho com ervas é quiná-las (esmagar com as mãos) na água fria e deixar repousar por algumas horas, sem levar ao fogo. Pronto o banho, coe o líquido para o outro recipiente e utilize. As ervas devem ser despachadas depois em um jardim ou no mato.

Um meio mais fácil de preparar o banho de cheiro é usar as essências prontas. Você vai precisar do seguinte material:

- Dois litros de água.
- Um vidrinho de essência para banho mágico (encontrada em casas de artigos religiosos) ou do perfume desejado.
- Um recipiente adequado.

Coloque a água no recipiente. Junte a essência, misturando bem, e utilize.

Seja qual for a forma de preparar seu banho de cheiro, lembre-se de que, se ele tiver finalidade mágica, você deverá sempre enxugar-se com uma toalha limpa e vestir roupas limpas depois de tomá-lo.

A MAGIA DOS CIGANOS

Os ciganos, nômades saídos da Índia por volta do século X d.C., são mestres em magia simpática e, especialmente, nos feitiços de amarração. Com eles aprendi muitas coisas, como a força da Lua, seu valor mágico e sua influência sobre nossa vida. Eles me mostraram que, assim como a Lua influi nas colheitas, também influi no nosso físico, principalmente nas mulheres. Para que os cabelos cresçam, por exemplo, as 'manuches' (ciganas) só os aparam na Lua cheia, que também é a época mais adequada para se fazer um noivado ou casamento.

Os ciganos do mundo inteiro são devotos de Santa Sara, também chamada Sara Kali, cujo centro de culto está no santuário das Santas Marias do Mar, perto de Aries, na Provença, no sul da França. Conta a lenda que, pouco tempo depois da morte e ressurreição de Cristo, as três Marias: Maria Madalena, Maria

Jacobé (mãe de Tiago Menor) e Maria Salomé, foram postas, pelos que eram contrários às palavras de Jesus, em um barco sem remos nem provisões. Estavam acompanhadas por Lázaro, Trófimo e Sara, uma egípcia que era criada de José de Arimatéia. A barca parou milagrosamente numa praia perto da foz do rio Petit Rhône, no sul da França. Durante a Idade Média, o local tornou-se centro de peregrinação católica; mais tarde, tornou-se ponto de encontro dos ciganos.

A devoção dos gitanos não se dirige às três Marias, mas à negra Sara, conhecida como a "egípcia", a "gitana" ou a "hindu", por corresponder à deusa Kali, mulher de Shiva, a mais forte das deusas (*satis*) hindus, a Grande-Mãe da gente das viagens. A imagem de Santa Sara está na cripta do santuário das Santas Marias do Mar, onde se diz que seu corpo foi enterrado; lá podem ser vistos os inúmeros presentes deixados pelos romeiros ciganos. Diz a tradição que essa imagem original, ao contrário das cópias existentes no comércio, é feita de material magnético e está carregada de vibrações; é enfeitiçada e funciona como um suporte psíquico para receber as orações em língua romani. A tradição local também dá muita importância a uma pedra encravada no muro da nave da igreja, chamada "travesseiro das três Marias". Conta a lenda que essa pedra foi polida pelo roçar das cabeças de Salomé, Madalena e Jacobé. Houve tempo em que ela era raspada para que o seu pó fosse usado em remédios contra a esterilidade; até 1935, esse pó serviu para a preparação de filtros de amor.

A festa de Santa Sara, denominada "Festa da Luz", é realizada no dia 24 de maio. Ciganos e não-ciganos, turistas e *hippies*, todos são atraídos pelo misticismo e pela música. Os ciganos passam a noite em orações, cantos e danças, à luz de velas e fogueiras, ao som das guitarras de jovens não-ciganos e dos violinos e pandeiros gitanos. Pela manhã, a imagem é levada em procissão até o rio, em cujas águas é lavada; todos os peregrinos, católicos e ciganos, assistem à bênção do mar feita por um padre, de uma barca; depois a imagem retorna para a igreja. Esse dia é de peregrinação para todos os ciganos do mundo. Mas quando os ciganos desejam ir ao santuário fora dessa data festiva, sempre o fazem em tempo propício para a realização de seus trabalhos mágicos, observando para isso a fase da Lua. Este é um cuidado que eles têm para planejar todas as atividades importantes, como o casamento de seus jovens.

Quando vi pela primeira vez os ciganos, era noite de Lua cheia e eles dançavam em um bródio, comezaina para festejar um *gade* (casamento). Eles me aceitaram, embora eu fosse ali o único *gadjo* (não-cigano), ou melhor, *gavina* (não-cigana). Eu era, então, uma menina. Na noite clara de luar, ao som das sanfonas, dos violinos e violões, em meio às vozes afinadas, o velho *kaku* (feiticeiro) Runhol ensinou-me segredos gitanos sobre a força do amor.

"– Há mulheres que são mais solares do que seus homens. Outras têm uma boa carga de sol em suas vidas, mas não deixam que o Sol domine sua Lua, tornando-as agressivas. Outras não sabem disso e se tornam fêmeas rabugentas, orgulhosas, egoístas e até estéreis. O que uma *manuche* nunca pode ser, pois os filhos são a grande herança do casal e da tribo. Uma cigana nunca deve ter menos de cinco ou seis filhos. Quanto mais, melhor."

Com o passar do tempo, fui colhendo aos poucos os frutos das vidas e das crenças dos ciganos. Hoje jogo cartas como as *manuches*, leio a sorte como os *gadjés* (ciganos), conheço sua arte mágica e aprendi que em toda a parte há gente boa e má, solar ou lunar, dependendo, não da cor da pele ou da origem, mas da sensibilidade, vivência e espírito de fraternidade que cada um possui. Aprendi que cultura sem sensibilidade torna-se árida; amor sem sexo é incompleto; desejo sem luta, irrealizável.

Hoje em dia, no Templo de Magia Cigana, trabalho sob a proteção dos espíritos ciganos. Aí é realizada, há várias décadas, a festa de Santa Sara, talvez a primeira dessas comemorações a ser feita no Rio de Janeiro além dos limites das comunidades ciganas. Aí os espíritos ciganos vêm à Terra e falam com seus devotos, dão conselhos, lêem a sorte, fazem feitiços. Aí cada um deles recebe os presentes de seu agrado e tem os trajes com que prefere mostrar-se aos viventes. Pois os espíritos ciganos, amantes da beleza e da alegria, gostam de roupas belas e coloridas, de flores e cristais, de fitas e moedas, de perfumes sensuais e jóias brilhantes.

Os ciganos começaram a manifestar-se como entidades espirituais dentro da umbanda, integrados no povo do Oriente. Esses espíritos viveram suas vidas nas tribos nômades. Foram Pietro, Zaíra, Madalena, Hiago, Rosa, Pablo, Sara, Vladimir, Rodrigo e muitos outros. Hoje eles voltam à Terra para proteger e ajudar seus fiéis, conservando toda a sabedoria da magia cigana tradicional. Podemos usufruir desse poder fazendo um pedido e uma oferenda aos espíritos ciganos.

Mesmo não conhecendo um espírito em especial, você pode fazer seu pedido aos espíritos ciganos em geral. Em um domingo de Sol, na Lua nova, crescente ou cheia, faça-lhes uma oferenda de frutas, flores, perfumes, velas coloridas e qualquer outro objeto que você deseje dar: um cristal, algumas moedas antigas, fitas multicores, um lenço estampado, um punhal, um baralho...

Arrume sua oferenda dentro de uma cesta bonita ou de um tacho de cobre, de tamanho apropriado. Se tiver em casa um altar com uma imagem cigana, ou se freqüentar um centro onde haja essa imagem, coloque sua oferenda diante dela e, alguns dias depois, despache os vegetais murchos na mata, guardando os objetos diante da imagem; se não tiver um altar, coloque a oferenda em um jardim bonito ou em um local de mato.

Os espíritos ciganos gostam de todas as cores, exceto o preto; tecidos claros, multicores e brilhantes são seus preferidos. Suas flores são as palmas vermelhas e todas as flores silvestres, não cultivadas (colhidas na natureza). Seus aromas são os de jasmim e flores-do-campo. Eles gostam de todas as frutas, exceto jaca, abacaxi e cana. Bebem vinho e também gostam de ganhar pães ou doces.

PEDINDO AOS ORIXÁS

Os orixás são as divindades dos povos africanos que vieram para a América no tempo da escravidão, como os iorubás e os bantus. Eles são espíritos que vivem na natureza. Segundo os estudiosos, existem na mitologia desses povos mais de 400 orixás. Ao virem para o Brasil, os africanos trouxeram a religião dos orixás e, com ela, criaram novos cultos, como o candomblé e a umbanda.

As divindades da umbanda e do candomblé podem atender aos seus pedidos de amor. Oxum, a deusa do amor e da fertilidade, e Iansã, a grande apaixonada, auxiliam em todas as questões femininas. Exu e Pomba-gira, os donos da sexualidade, ajudam homens e mulheres a encontrarem seus pares. Ogum propicia potência e vigor aos homens, enquanto Xangô lhes dá poder de sedução. Logunedé e Oxumaré atendem especialmente aos pedidos dos homossexuais. Iemanjá e Ibeji atendem a pedidos ligados à união e à harmonia da família.

Você pode pedir a cada um deles o que mais lhe interessar. Se preferir, entretanto, você pode fazer o pedido ao seu orixá de cabeça ou ao orixá da pessoa que é objeto de seu desejo.

Para fazer um pedido a algum desses orixás, você pode fazer uma oferenda simples, com velas coloridas, flores, frutas e perfumes. Ao preparar a oferenda, você deve ter o cuidado de escolher os produtos preferidos de cada orixá, que são indicados a seguir.

RECEBEM OFERENDAS NA SEGUNDA-FEIRA

EXU

Mensageiro dos orixás, é o dono das encruzilhadas e da sexualidade, principalmente masculina. Sua ferramenta é o tridente, que simboliza os caminhos que ele abre. Suas cores são o vermelho e o preto; seu aroma é o de cravo vermelho. Gosta de cravos vermelhos e sua fruta é o limão; também gosta de cana e bebe cachaça.

OMOLU

Filho de Nanã, é o orixá das pestes e o médico dos pobres. Apoia-se em um cajado e é sincretizado com São Lázaro e São Roque, conforme seja Omolu (velho) ou Obaluaiê (jovem). Suas cores são o branco e o preto; seu aroma é o de cravo. Gosta de flor-de-quaresma e sua fruta é a banana-da-terra. Bebe água.

POMBA-GIRA

Correspondente feminina de Exu, é a dona da sexualidade feminina. Suas cores são o vermelho e o preto; seu aroma é o de rosa vermelha. Gosta de rosas vermelhas e suas frutas são laranja e maçã. Bebe champanha.

RECEBEM OFERENDAS NA TERÇA-FEIRA

NANÃ

Originária do Daomé, é a Grande-mãe dos mortos e a divindade da lama e da chuva, cujo poder de limpeza é simbolizado por sua vassoura. É sincretizada com Santa Ana. Sua cor é o azul-marinho ou o roxo; seus aromas são os de violeta e cipreste. Gosta de flores de manacá e sua fruta é a jaca. Bebe vinho branco.

IROCO

Filho de Nanã, absorveu o inquice de Angola ligado ao tempo, como o deus Cronos da mitologia greco-romana. É assentado na gameleira. Seu assentamento leva uma grelha, pois foi sincretizado com São Lourenço, que morreu queimado em uma grelha. Suas cores são marrom, cinza, verde e branco; seu aroma é o de acácia. Gosta de flores de acácia e de qualquer flor branca. Sua fruta é a uva verde. Bebe cerveja clara.

OXUMARÉ

Filho de Nanã, metade do ano é uma serpente que vive na Terra e, na outra metade, é a ninfa do arco-íris. Dono da riqueza, é sincretizado com São Bartolomeu. Suas cores são o verde e o amarelo (ou todo o arco-íris); seu aroma é o ilang-ilang. Gosta de sempre-vivas e sua fruta é o melão. Bebe água.

RECEBEM OFERENDAS NA QUARTA-FEIRA

XANGÔ

É o poderoso orixá dos raios e das tempestades, o grande rei justiceiro. É sincretizado com São Jerônimo. Sua arma é o machado de lâmina dupla que simboliza o raio e o fogo. Suas cores são o vermelho e o branco ou o marrom; seu aroma é o de sândalo. Gosta de palmas vermelhas e sua fruta é o caqui. Bebe cerveja preta.

IANSÃ

Guerreira, é uma das esposas de Xangô. É a senhora da ventania e dos raios, que se parecem com as paixões que governa. Domina os eguns com seu chicote. É sincretizada com Santa Bárbara. Suas cores são vermelho e branco ou coral; seu aroma é o de tangerina. Gosta de rosas-chá e sua fruta é a manga-rosa. Bebe champanha.

OBÁ

Orixá guerreira e justiceira, deusa das águas revoltas, é uma das mulheres de Xangô. É sincretizada com Santa Joana d'Arc. Suas cores são o vermelho, o amarelo ou o alaranjado; seu aroma é o de hortênsia. Gosta de qualquer flor vermelha e sua fruta é a romã. Bebe champanha.

RECEBEM OFERENDAS NA QUINTA-FEIRA

OGUM

É o orixá do ferro e da guerra, agressivo e aventureiro. Com sua espada, desbrava os caminhos e vence as demandas. É sincretizado com São Jorge. Sua cor é o azul-escuro ou o vermelho; seus aromas são os de âmbar e almíscar. Gosta de cravos brancos e sua fruta é a manga-espada. Bebe cerveja clara.

OXÓSSI

É o orixá das plantações e das caçadas, o que propicia alimento para o povo com seu arco e flecha. É sincretizado com São Sebastião. Sua cor é o verde ou o azul-claro; seu aroma é o de eucalipto. Gosta de flores do campo e sua fruta é a pitanga. Bebe vinho tinto.

LOGUNEDÉ

Filho de Oxóssi e Oxum, metade do ano é caçador como o pai e na outra metade é uma ninfa como a mãe. É menino e governa as águas doces e suas margens. É sincretizado com Santo Expedito. Suas cores são o azul e o amarelo; seu aroma é o de flores do campo. Gosta de rosas brancas e sua fruta é a laranja-lima. Bebe água de coco.

OSSAIM

É o orixá das matas, dono da magia das folhas, o feiticeiro e curandeiro; sem ele nenhuma erva tem poder. É sincretizado com São Benedito. Suas cores são o verde, o rosa, o amarelo e o branco; seu aroma é o de capim-cheiroso. Gosta de flores silvestres, não cultivadas, mas colhidas na natureza. Sua fruta é o sapoti. Bebe cachaça com mel.

RECEBE OFERENDAS NA SEXTA-FEIRA

OXALÁ

Pai de todos os orixás, é o criador dos seres humanos. Seu cajado simboliza todos os mundos que governa. É sincretizado com Jesus: Oxaguiã (jovem) é o Menino Jesus de Praga; Oxalufã (velho) é o Senhor do Bonfim. Sua cor é o branco e seus aromas são os de lírio e girassol. Gosta de lírios brancos e sua fruta é o cajá. Bebe água.

RECEBEM OFERENDAS NO SÁBADO

IEMANJÁ

É a deusa do mar, dona dos peixes e das conchas, mãe dos orixás e padroeira das famílias. É sincretizada com Nossa Senhora dos Navegantes. Sua cor é o azul-claro e seu aroma é o de rosa branca. Gosta de palmas brancas e sua fruta é o pêssego. Bebe champanha.

OXUM

Orixá dos rios, é a dona do ouro e da riqueza; vaidosa e sedutora, ela usa leque, coroa, fitas, rendas, perfumes e pós. Rege a fecundidade, a alegria, o amor e o prazer: protege as gestantes e as crianças pequenas, e ajuda os apaixonados. É sincretizada com Nossa Senhora da Conceição. Sua cor é o amarelo e seu aroma é o de lírio. Gosta de rosas amarelas e sua fruta é a banana-prata. Bebe champanha.

EUÁ

É a orixá das fontes. Irmã gêmea de Oxumaré, rege o orvalho. É a deusa da alegria e da beleza, da sedução da mulher e da juventude. É sincretizada com Nossa Senhora das Neves. Suas cores são o vermelho e o amarelo; seu aroma é o de verbena. Gosta de qualquer flor branca e suas frutas são a laranja e o pêssego. Bebe champanha.

RECEBEM OFERENDAS NO DOMINGO

IBEJI

Orixás gêmeos, protegem as mulheres na hora do parto e as crianças pequenas. Como são protetores da família, são invocados em feitiços de amarração visando ao casamento. São sincretizados com os Santos Cosme e Damião. Suas cores são o rosa, o azul e o verde claros; seu aroma é o de benjoim. Gostam de jasmins e sua fruta é a maçã. Bebem refrigerantes doces e gostam de ganhar brinquedos.

COMO ARRIAR OFERENDAS OU DESPACHAR MATERIAIS

Quando for arriar (entregar) uma oferenda, você não pode simplesmente largar o material no lugar. Você deve arrumar tudo como se estivesse montando uma mesa ou servindo a uma pessoa: pratos arrumados, embalagens abertas, tudo disposto de forma agradável. E nada de lixo em volta! Recolha tudo que sobrar (sacolas, papéis etc.) e jogue fora corretamente.

Para despachar o material de um feitiço na rua, no mato, na água ou em um jardim, você também não deve simplesmente deixá-lo no lugar, como se o estivesse jogando no lixo. Em todas as tradições mágicas, o hábito é deixar uma oferenda para os espíritos ou as entidades que tomam conta do lugar, em troca do serviço de dar destino àquela magia. Assim, você pode despachar seus feitiços junto com um cigarro, uma moeda, uma dose de bebida, uma flor, uma fruta ou qualquer outra coisa adequada à entidade em questão.

DESEJO ENCONTRAR ALGUÉM PRA FICAR...

Agora você já aprendeu tudo que era necessário para fazer seus feitiços; já decidiu enfrentar a batalha e usar todos os recursos à sua disposição para ser feliz. Bem, o primeiro passo para ter sucesso em uma guerra é a informação: você precisa conhecer bem seu adversário, saber exatamente de que armas dispõe e definir com clareza seus objetivos.

Muitas pessoas passam a vida sozinhas ou ligadas a parceiros com quem não se dão bem. Muitas vezes isto ocorre porque elas têm uma imagem ilusória do que querem e do que as outras pessoas são. Para ajudar a sanar essa dificuldade, você encontrará aqui ensinamentos que permitirão desvendar os segredos do seu amor e conhecer melhor suas próprias necessidades. Isso lhe permitirá investir mais em relacionamentos com pessoas com quem tenha maior afinidade. Como estamos falando especificamente de feitiços, você irá aprender a usar alguns recursos mágicos, como a astrologia e a grafologia, para atingir esse conhecimento.

SEGREDOS DO SOL E DA LUA

Dizia a Bruxa Salamandra que, para a magia, o homem é o Sol e a mulher, a Lua. Hoje em dia, a ciência e a astrologia confirmam essa crença antiga.

O Sol, como a estrela mais próxima da Terra e o centro do nosso sistema planetário, domina os planetas (Mercúrio, Vênus, Terra, Marte, Júpiter, Saturno, Urano, Netuno e Plutão), os asteróides, cometas, satélites e meteoritos. As pessoas que sofrem influência do Sol são fortes, lutadoras, capazes, magnéticas e idealistas, mas podem ser perigosas: assim como o Sol, essas pessoas são exclusivistas, dominadoras e querem que os outros girem sempre à sua volta. Mas elas são quentes e alegres, pois o Sol é fonte de energia e vida para tudo e todos.

A Lua é o nosso mais próximo vizinho sideral: ela gira a uma distância média de 382.000 km do centro do nosso planeta. Por isso, ela é a nossa influência mais forte. A Lua faz uma volta completa em torno da Terra em pouco mais de 27 dias. Durante todo esse tempo, ela volta a mesma face para a Terra, e a outra metade permanece sempre oculta; por isso, para os bruxos, ela é como uma sacerdotisa, uma pítia, uma maga que se encobre em mantos no Zodíaco e conserva uma parte secreta, reservada, incógnita. A Lua é feminina e foi adorada como Ísis no Egito; Carmona e Vênus em Roma; Afrodite na Grécia. Para os ciganos ela é Sara, sua padroeira, a maga, a mãe, o útero, o óvulo, tudo que é feminino. As pessoas com forte influência da Lua são místicas, poderosas e produtivas, mas podem ser falsas e megeras.

A Lua mostra uma luz que não lhe pertence, mas é a luz solar refletida nela, da mesma forma como as forças maiores da magia se manifestam por intermédio do mago, que é por elas dominado, e que as reflete. De acordo com a sua posição em relação aos outros dois astros, Terra e Sol, a Lua apresenta quatro aspectos diferentes: lua nova, quarto crescente, lua cheia, quarto minguante. Assim, a Lua tem quatro fases, como quatro são os elementos da magia: terra, água, ar e fogo.

A Bruxa Salamandra fazia os feitiços nas fases fortes da Lua (a cheia e a nova), evitando trabalhar na quarto minguante (quando só podem ser feitos feitiços de separação e punição). Ela também adivinhava o comportamento no amor de uma pessoa, somente descobrindo o elemento que governava o seu nascimento.

OS ELEMENTOS DETERMINAM SEU MODO DE SER

Como você verá mais adiante, cada elemento rege três signos do Zodíaco. Dessa forma, se soubermos qual é o signo solar de uma pessoa, poderemos adivinhar as características determinadas por seu elemento regente.

O ELEMENTO TERRA

Simboliza o corpo e o trabalho. Sua cor é o amarelo do ouro; seu elemental é o gnomo. A pessoa cujo signo pertence a esse elemento é prática e organizada; demonstra seu afeto cuidando do outro, é reservada e possessiva. Tende a valorizar o conforto e as sensações corporais.

O ELEMENTO ÁGUA

Simboliza as emoções e a imaginação. Sua cor é o verde do mar e seu elemental é a ondina. A pessoa cujo signo pertence a este elemento é emotiva, sensível e romântica; nos relacionamentos, é maternal ou muito dependente. Tende a valorizar a conduta romântica e a fantasia.

O ELEMENTO FOGO

Simboliza a atividade corajosa e a intuição. Sua cor é o vermelho da chama e seu elemental é a salamandra. A pessoa cujo signo pertence a esse elemento é apaixonada, generosa, impulsiva, impaciente, agitada e autoritária. Tende a valorizar o sexo físico e as manobras de sedução.

O ELEMENTO AR

Simboliza o raciocínio e o espírito crítico. Sua cor é o azul do céu e seu elemental é o silfo. A pessoa cujo signo pertence a esse elemento é intelectualizada e distante; é mais companheira e amiga que amante. Tende a valorizar a espiritualidade e a falar na hora do amor.

A VIDA SEXUAL DEPENDE DOS SIGNOS

Leia a respeito do seu próprio signo solar e descubra coisas a seu respeito que talvez você não tenha percebido até hoje. E, se você souber quando é o aniversário da pessoa que lhe interessa, também poderá conhecer um pouco de seus sentimentos mais secretos...

O SIGNO DE ÁRIES

Governa os nascidos entre 21 de março e 20 de abril. Seu planeta regente é Marte; o elemento é o fogo. Sua cor é o vermelho e o orixá é Ogum, o deus da guerra. Os signos compatíveis com Áries são: Leão, Peixes, Touro, Sagitário, Gêmeos e Aquário.

As zonas sensíveis no corpo dessas pessoas são a cabeça, o pescoço e o cérebro. Os problemas sexuais decorrem da rapidez com que os arianos atingem o orgasmo, deixando o companheiro pelo caminho...

O comportamento sexual dos arianos caracteriza-se pelo fato de que podem ser sádicos e têm pressa em terminar a relação sexual, mas sabem amar quando bem excitados. Falam durante o ato sexual, pois adoram ser excitados dessa forma.

O SIGNO DE TOURO

Governa os nascidos entre 21 de abril e 20 de maio. Seu planeta regente é Vênus; o elemento é a terra. Sua cor é o azul e o orixá é Oxum, a deusa das águas doces e do amor. Os signos compatíveis com Touro são: Peixes, Capricórnio, Câncer, Virgem, Áries e Gêmeos.

As zonas sensíveis no corpo dessas pessoas são o pescoço e a garganta. Os problemas sexuais são o moralismo e o egocentrismo (querem que o parceiro aja por eles).

O comportamento sexual dos taurinos caracteriza-se pelo fato de que, quando estão apaixonados, são ótimos amantes, ciumentos e submissos. A melhor área para começar a excitá-los é o pescoço.

O SIGNO DE GÊMEOS

Governa os nascidos entre 21 de maio e 20 de junho. Seu planeta regente é Mercúrio; o elemento é o ar. Sua cor é o amarelo e o orixá é Ibeji, o par de gêmeos africanos. Os signos compatíveis com Gêmeos são: Aquário, Libra, Aries, Touro e Câncer.

As zonas sensíveis no corpo dessas pessoas são os ombros e os pulmões. Os problemas sexuais decorrem da tendência de fugir aos compromissos, visando somente a parte carnal do relacionamento.

O comportamento sexual dos geminianos caracteriza-se pelo fato de que eles são complicados na hora da relação sexual, convencionais e suscetíveis a complexos de culpa (o que estraga o amor), além de serem muito arrogantes.

O SIGNO DE CÂNCER

Governa os nascidos entre 21 de junho e 21 de julho. Seu planeta regente é a Lua; o elemento é a água. Sua cor é o branco ou o prateado, e o orixá é Iemanjá, a rainha do mar. Os signos compatíveis com Câncer são: Leão, Escorpião, Gêmeos, Peixes, Touro e Virgem.

As zonas sensíveis no corpo dessas pessoas são o peito e o estômago. Os problemas sexuais decorrem de um complexo de inferioridade.

O comportamento sexual dos cancerianos caracteriza-se pelo fato de que preferem uma relação maternal, sem guerra de sexos; com uma pessoa protetora e materna tudo irá bem. Também podem ter tendência para ligações homossexuais.

O SIGNO DE LEÃO

Governa os nascidos entre 22 de julho e 22 de agosto. Seu planeta regente é o Sol; o elemento é o fogo. Sua cor é o alaranjado ou o vermelho e o orixá é Iansã, a deusa dos ventos. Os signos compatíveis com Leão são: Câncer, Aries, Sagitário, Gêmeos, Virgem e Libra.

As zonas sensíveis no corpo dessas pessoas são as costas e a espinha dorsal. Os problemas sexuais são a inibição e o bitolamento. Além disso, geralmente essas pessoas se frustram quando são tratadas com certa naturalidade; gostam de cortesias excessivas, exigem carinho demais.

O comportamento sexual dos leoninos caracteriza-se pelo fato de que não aceitam sexo por sexo, mas sim por amor.

O SIGNO DE VIRGEM

Governa os nascidos entre 23 de agosto e 22 de setembro. Seu planeta regente é Mercúrio; o elemento é a terra. Sua cor é o verde e o orixá é Oxóssi, o senhor das matas. Os signos compatíveis com Vigem são: Câncer, Touro, Libra, Escorpião e Capricórnio.

As zonas sensíveis no corpo dessas pessoas são as mãos e o abdome. Os problemas sexuais são a timidez e a fuga da realidade.

O comportamento sexual dos virginianos caracteriza-se pelo fato de que eles aceitam o sexo como um "mal necessário", mas não dão a vida por ele; assim, seu parceiro não deve esperar dele muita alegria durante o ato sexual e deve ser prático, sem variações.

O SIGNO DE LIBRA

Governa os nascidos entre 23 de setembro e 22 de outubro. Seu planeta regente é Vênus; o elemento é o ar. Sua cor é o rosa e o orixá é Xangô, o deus dos trovões. Os signos compatíveis com Libra são: Aquário, Escorpião, Gêmeos, Sagitário, Leão e Virgem.

As zonas sensíveis no corpo dessas pessoas são os órgãos da região lombar. Os problemas sexuais são o gosto excessivo por variações e o prazer exibicionista em ser admirado pelo parceiro e cortejado ao máximo.

O comportamento sexual do libriano caracteriza-se pelo fato de que é capaz de relações muito variadas e exige muita imaginação durante o ato, precisando ser satisfeito de várias maneiras.

O SIGNO DE ESCORPIÃO

Governa os nascidos entre 21 de outubro e 21 de novembro. Seu planeta regente é Plutão; o elemento é a água. Sua cor é o púrpura (magenta) e o orixá é Exu, o agente mágico. Os signos compatíveis com Escorpião são: Peixes, Sagitário, Libra, Capricórnio, Virgem e Câncer.

As zonas sensíveis no corpo dessas pessoas são os órgãos sexuais. Os problemas sexuais são o egoísmo e a satisfação erótica incompleta.

O comportamento sexual dos escorpianos caracteriza-se pelo fato de que eles pensam, sonham e vivem somente em função do prazer sexual, sem se importar com as relações românticas. Por isso, são grandes amantes, imaginativos e ardentes.

O SIGNO DE SAGITÁRIO

Governa os nascidos entre 22 de novembro e 21 de dezembro. Seu planeta regente é Júpiter; o elemento é o fogo. Suas cores são o turquesa e o coral, e o orixá é Xangô. Os signos compatíveis com Sagitário são: Leão, Áries, Libra, Capricórnio, Escorpião e Aquário.

As zonas sensíveis no corpo dessas pessoas são os quadris e as coxas. Os problemas sexuais são a tendência ao masoquismo e o desejo de variedades que esgotam o parceiro.

O comportamento sexual dos sagitarianos caracteriza-se pelo fato de que podem ser cruéis nas relações e mudar muito de parceiros. Mas, por outro lado, tendem a ter muita experiência sexual, o que faz do nativo desse signo um amante em geral muito ativo.

O SIGNO DE CAPRICÓRNIO

Governa os nascidos entre 22 de dezembro e 20 de janeiro. Seu planeta regente é Saturno; o elemento é a terra. Sua cor é o cinza ou o preto, e o orixá é Omolu (Obaluaiê). Os signos compatíveis com Capricórnio são: Touro, Virgem, Escorpião, Sagitário, Peixes e Aquário.

As zonas sensíveis no corpo dessas pessoas são os joelhos. Os problemas sexuais são o medo de se dar, para não sofrer, e a tendência à frigidez.

O comportamento sexual dos capricornianos caracteriza-se pelo fato de que eles não imaginam a força que têm. Se o parceiro os excitar, demonstrando seu amor, eles irão se abrir, tornando-se bons amantes. São mais sensíveis às carícias nos joelhos e nas coxas.

O SIGNO DE AQUÁRIO

Governa os nascidos entre 21 de janeiro e 19 de fevereiro. Seu planeta regente é Urano; o elemento é o ar. Sua cor é o cinza metálico e o orixá é Oxumaré, a serpente do arco-íris. Os signos compatíveis com

Aquário são: Áries, Capricórnio, Sagitário, Peixes, Libra e Gêmeos.

As zonas sensíveis no corpo dessas pessoas são as pernas e os tornozelos. Os problemas sexuais são a vaidade, o orgulho e a tendência a humilhar o parceiro. Em geral, depois de certo tempo, perdem o interesse pelo amante.

O comportamento sexual dos aquarianos caracteriza-se pelo fato de que dão tudo de si numa relação, fazem amor com prazer e alegria. Mas o parceiro não deve deixar a relação cair na rotina, deve variar posições e criar fantasias eróticas. As carícias devem começar pelas pernas.

O SIGNO DE PEIXES

Governa os nascidos entre 20 de fevereiro e 20 de março. Seu planeta regente é Netuno; o elemento é a água. Suas cores são o violeta e o branco, e o orixá é o maior de todos, Oxalá. Os signos compatíveis com Peixes são: Escorpião, Câncer, Touro, Capricórnio e Aquário.

As zonas sensíveis no corpo dessas pessoas são os pés. Os problemas sexuais são o sadomasoquismo e o apetite sexual descontrolado. Além disso, os piscianos tendem a tornar-se dependentes de fantasias eróticas para sentirem prazer.

Mas o parceiro não deve deixar que o pisciano mande nele na hora do amor: submisso ele ficará feliz. Os nativos de Peixes também precisam de muito carinho, pois são carentes e receptivos. Podem ter tendências homossexuais e bissexuais.

A GRAFIA REVELA A SUA CAPACIDADE DE AMAR

Se você é uma dessas pessoas que se vestem, falam e movimentam procurando esconder um temperamento apaixonado, cuidado ao assinar um bilhete ou um cartão com telefone: eles podem revelar seu caráter. Você pode usar luvas para não deixar impressões digitais; pode modificar a voz e torná-la mais suave. Mas sua letra é algo que, mesmo que você tente camuflar, conserva seus traços essenciais e diz que espécie de pessoa você é.

E não é só o caráter o que se descobre ao estudar uma letra: ela desvenda também os desejos mais íntimos, as frustrações e aspectos que às vezes nós mesmos nem sabemos que temos. Por isso, os psiquiatras já estão usando a grafologia para diagnosticar problemas da alma; antigamente, só quem estudava a letra eram os ledores de sorte, os magos e os adivinhos.

Os que passam a vida estudando as letras dizem que não há duas escritas idênticas. Pode haver letras parecidas; totalmente iguais, nunca. Assim, ao aprender a grafologia, preste atenção aos detalhes que vamos mostrar e repare bem se eles estão na sua caligrafia ou na de seu amor. Analise bem a letra dele (ou dela): nela verá refletida sua personalidade e principalmente a sua capacidade de se dar, de fazer amor. Use esses ensinamentos e viva melhor.

COMO ANALISAR UMA LETRA

Primeiramente, para fazer a análise de uma caligrafia, você deve pedir à pessoa que escreva pelo menos dez linhas; assim você terá um bom pedaço da sua alma para analisar. A pessoa não deve saber que aquele texto será analisado pois, se o souber, ela começará a mudar coisas, irá escrever mais corretamente que de costume, prejudicando assim a interpretação.

Se você for analisar sua própria letra, pegue um texto antigo, que tenha escrito antes de ler este livro; assim não haverá alteração na sua letra habitual. Uma boa sugestão é que você não analise apenas uma linha, mas o texto todo. Depois, se descobriu suas falhas, comece a mudá-las dentro de você. Se é muito sensual, lembre-se de que sexo é bom demais, mas há outras coisas na vida que você deve aproveitar. Se, ao contrário, descobriu que seu problema é a indiferença e a frieza para com a pessoa amada, procure cuidar-se pois, se você se descuidar de seu amor, logo outra pessoa virá e, com truques e feitiços, poderá tirá-lo de você.

Passemos agora a analisar os detalhes da escrita. Existem diversos sinais que mostram claramente quem é a pessoa que assinou ou escreveu o texto.

O FEITIO DA LETRA INDICA OS SEGREDOS DO AMOR

Primeiramente, ao olharmos para um bilhete ou um nome escrito à mão, devemos analisar o ângulo da escrita. Vemos por aí a agressividade da pessoa. Uma caligrafia inclinada para a direita indica pessoa extrovertida, que gosta de sair com amigos, ir a bares, dançar, divertir-se com sua turma; revela também que a pessoa tem um temperamento muito sensual. Mas, se as letras se inclinam para a esquerda, cuidado: essa pessoa é tímida, reservada e acanhada, o que a torna um parceiro difícil e sem confiança em si mesmo, em se tratando de sexo. Nesse caso, você deve tomar a iniciativa.

Letras grandes podem mostrar que quem as escreve tem um grande complexo de inferioridade, o que não é nada bom. Letras pequenas mostram uma pessoa que se guarda mas que, ao se entregar a alguém, torna-se romântica e apaixonada. Letra muito grande e redonda revela narcisismo e sexto sentido exagerado. Se a pessoa escrever no meio das linhas, é exibicionista e orgulhosa.

Uma letra também pode mostrar se a pessoa é feliz no amor. Letras muito grandes e desenhadas denotam felicidade no casamento ou que a pessoa está feliz, seja qual for sua situação afetiva.

VEJA SE É QUENTE OU INDIFERENTE NAS LAÇADAS DA LETRA

Observe as letras que têm laçadas inferiores, como p, g, f, q, y, z, e as que têm laçadas superiores, como 1, b, f, t, d, h. O modo como a pessoa escreve essas letras revela a medida do seu impulso passional. Se a laçada inferior for do mesmo tamanho que a superior, a pessoa tem instintos equilibrados. Mas, se as laçadas inferiores são mais longas que as superiores, isso é sinal de grande fome de amor, de necessidade de amar. Se você escreve assim, você é quente como um dia foram Oxum e Xangô, lá nas terras africanas de de Ilu-Aiê. Quanto mais longas são as laçadas inferiores, mais sedenta de amor é a pessoa; ela aceita qualquer proposta, se for bem preparada. As pessoas que fazem as laçadas inferiores triangulares são, em geral, passionais e volúveis.

Quando as laçadas inferiores são menores que as superiores, a pessoa é fria, indiferente; é possível até que ela precise tomar uma dose de catuaba ou um chá de alfafa para preparar-se para o amor...

As formas das laçadas das letras podem dizer até se uma pessoa é homossexual. Laçadas inferiores redondas mostram homens com interesse definido pelo sexo masculino. As mulheres cujas letras têm laçadas perfeitas tendem a reparar muito na beleza de outras mulheres e podem até dar demonstrações de ciúme em relação a outras meninas.

AS VOGAIS REVELAM SEU EQUILÍBRIO

A letra I demonstra nossa tendência ao equilíbrio. Quem põe o ponto corretamente em cima do I é pessoa meticulosa, responsável, estudiosa. Quem faz o ponto do I fora do lugar mostra que dá pouca atenção aos detalhes; geralmente seu quarto é uma grande desordem. Quem, em vez de ponto, põe uma bolinha em cima do I, é pessoa voluntariosa e exibicionista; às vezes até um pouco covarde.

A letra A também mostra algo sobre você. Os que nunca completam a letra A (e também o O) em um só movimento são desequilibrados, como diz a ciência, ou um pouco amalucados, como diz o povo. Já a magia diz que essas pessoas são suscetíveis às forças ocultas.

QUAL É A SUA COR DE TINTA PREFERIDA?

A tinta com que gostamos de escrever também influi na interpretação do caráter. Quem usa tinta azul é pessoa comum, sem traços especiais. Os que escrevem com tinta verde são geralmente pessoas pouco convencionais, que gostam de coisas diferentes; podem às vezes ser homossexuais. Quem prefere tinta preta é pessoa honesta, bem certinha e que gosta muito de ler e trabalhar. Quem escreve com vermelho mostra ser dado a excessos ou a sonhos eróticos.

A LETRA "T" REVELA A SUA AMBIÇÃO

Existem no mundo vários alfabetos, como o hebreu, que é cabalístico, o caldeu, que é mágico, o chinês, muito antigo, e o cigano, que é bem estranho. O alfabeto que usamos nasceu na Fenícia e foi divulgado pelos gregos. Nele, a única letra cortada por um traço horizontal é o T. Por isso, na magia, esta não é uma letra muito boa, denunciando malícias ocultas e segredos.

Assim, observe o modo como a pessoa corta o T e descubra mais alguma coisa sobre ela. Quem corta o T muito embaixo é pessoa de poucas ambições. Os que cortam essa letra muito em cima são bem ambiciosos, sonham com bons carros e querem sempre a garota mais cobiçada da festa ou o rapaz mais rico e bonito do grupo. Quem corta o T com um traço reto é ordeiro, guarda dinheiro e não é intrigante. Quem faz um traço torto é descuidado e pode até usar drogas, às vezes.

CONHEÇA SEU FUTURO AMOR NO ESPELHO MÁGICO

Você acredita que se possa ver o futuro em uma bola de cristal? Ou pensa que isso é apenas coisa de contos de fadas, ou ilusão? Pois saiba que ver o destino em um espelho preparado ou em uma esfera cristalina é um recurso mágico muito usado.

Hoje em dia, a velha magia está de volta e com ela retornaram seus objetos secretos, suas poções poderosas, seus punhais, suas taças, suas límpidas bolas de cristal. Somente nos Estados Unidos, existem cerca de 70 cursos que ensinam a arte mágica, sem falar na Universidade de Ciências Ocultas de Honolulu, que forma um feiticeiro de nível superior, com anel de grau e diploma registrado.

No Rio de Janeiro também existem locais onde se pode fazer um curso de feitiçaria; onde se pode aprender a trabalhar com lâminas douradas e espelhos reluzentes. Venha comigo, levante o véu de Ísis, tome nas mãos a adaga e a estrela de cinco pontas, e entre nesse curso de magia. Com seus mestres, aprenda a ler a sorte na bola de cristal ou no famoso espelho dos feiticeiros... não tema, o dom de prever a sorte não é tão raro como parece.

O curso é ministrado no Templo de Magia Cigana. A casa é velha. Não há nada nela que lembre uma residência moderna. Os velhos bancos de madeira, centenários, dão um aspecto místico ao ambiente. Um gato siamês recebe os visitantes no grande portão de entrada; seu nome é Circe e ele tem os mesmos olhos encantadores da antiga feiticeira.

A maioria dos alunos é jovem, tem cabelos longos e rosto alegre. Suas túnicas indianas fazem pensar que estamos nos perdidos templos do Himalaia ou do Tibé. Na sala de aula há retortas, tridentes, baralhos antigos e espelhos. E, sobre a mesa, lá está a bola de cristal com que os alunos aprenderão a ler o que lhes está reservado...

COMO FAZER UM ESPELHO MÁGICO

Conta a mestra do curso que foram os árabes que, no tempo das cruzadas, trouxeram para o Ocidente os conhecimentos sobre o modo de fabricar placas metálicas e bolas de luz para invocar o destino, para ver o passado, o presente e o futuro. A seguir, ela ensina como o aluno pode fabricar sua placa para obter visões e sonhos:

"– Primeiramente, mande fazer uma placa de aço ou de cobre bem polida. As melhores são ligeiramente côncavas. Depois, em uma noite de lua cheia, escreva sobre ela, com cinzas, as palavras secretas: Elohim, Ísis, Isthar. Em seguida, embrulhe a placa em um tecido fino branco e novo. Quando vier a lua nova, desembrulhe-o e o espelho estará pronto para o uso.

O outro tipo de espelho mágico é a bola de cristal. Você pode comprar uma bola polida pronta. Se não tiver uma, pode usar um bom pedaço de cristal de rocha, não polido. Dizem até que ele é bem melhor para que as visões surjam límpidas e belas. A bola (ou o cristal) também deve ser guardada embrulhada em um pano, e não deve ser tocada por outro que não seja seu possuidor."

Bem, a maneira de preparar o espelho mágico é muito prática mas, se a pessoa não tem o dom da vidência, o que é que pode fazer? É ainda a mestra que ensina:

"– Para aperfeiçoar o dom da vidência, você deve queimar no ambiente um defumador com aroma de jasmim, quando for fazer seu treinamento com o espelho. Depois, o praticante deve se concentrar; procurando relaxar, sem pensar em nada, tranqüilizando-se. Dizem os entendidos em magia que, para ser um bom vidente, deve-se deixar de comer carne e alimentos gordurosos. Dizem eles que a macrobiótica é uma boa alternativa, pois purifica o corpo, deixando as vibrações fluírem melhor. O vidente também não deve beber álcool no dia em que for ver o destino no espelho mágico. Em geral, duas pessoas captam melhor as imagens do espelho, afirmam os mestres: uma é o operador, que se concentra e mantém a vibração do bom astral; a outra é o vidente, que realmente vê dentro do espelho. Quanto mais unidos forem os dois videntes, mais poderão captar o futuro; por isso, o melhor é fazer o exercício de vidência com seu amor ou com um grande amigo ou amiga, para que se forme um alto astral no ambiente. E deve-se fazer o exercício de vidência sempre às mesmas horas. Com o tempo, começa-se a ver o outro lado, o do irreal, pois todo mundo tem o dom, basta aperfeiçoar."

O silêncio agora é total. Os aprendizes estão se concentrando. Um certo medo enche a sala de vibrações estranhas. Perto de um braseiro, os alunos, de calça de brim, túnica e tênis, parecem novos alquimistas ou sacerdotes lá das bandas da Índia. Eles colocam grãos perfumados nas brasas e cheiram o aroma. Já preparados, agora vão usar o espelho. Enquanto o incenso queima, eles deixam que o inconsciente trabalhe e vêem límpido e belo o futuro.

COM ÁGUA OU CARVÃO VOCÊ VERÁ SEU SUCESSO

A mestra continua a falar sobre os diversos métodos de vidência:

"– O conde Cagliostro foi um dos maiores ocultistas dos tempos modernos. Alguns diziam que ele era um grande charlatão; outros, que era um grande mago. Mas, sem dúvida, ele foi uma autoridade na arte de ler a sorte pelos espelhos. Ele simplificou bem a técnica. Em vez de bola de cristal ou metal polido, o mago usou uma garrafa com água bem clara e limpa. Isso era o suficiente para ver o futuro, dizia ele. E para ter as intuições, ele mantinha uma criança ou um jovem ao seu lado, como intermediário ou operador. Acendia uma vela perto da garrafa e ia falando tudo que via. Simples, não?

Já um tal de barão du Potet usava outro método para adivinhar. Tomava um pedaço de carvão e com ele fazia um pequeno círculo preto com cerca de dez centímetros de diâmetro. Esse círculo pode ser feito no assoalho, dentro de casa, ou no quintal. O barão colocava próximo ao círculo a pessoa que queria ver seu futuro. Mandava a pessoa pensar no que desejava saber, olhando para dentro do círculo. Após alguns minutos, o barão começava a contar como seria sua vida no futuro. Mas, ao usar esse método, vocês devem estar prevenidos, pois ele pode provocar certos fenômenos, como batidas que não se sabe de onde vêm e até passos pelo ambiente."

Olho os alunos. Cada um tem seus dons mágicos, seus objetos, seu sorriso misterioso. Como artistas de circo, eles lidam com cobras, adagas, pólvora. Alquimistas meio *hippies*, meio roqueiros, todos estudantes de faculdades, astrólogos. Os vapores perfumados enchem a sala. Açafrão e incenso criam ondulações no ar. É como se um tempo perdido, lá de Atlântida ou de Lemúria, de bruxedos e cabalas, voltasse a surgir em pleno Rio de Janeiro, próximo à confusão da vida moderna. Entre o real e o ilusório, pensamos ver assombrações dançando na sala, espíritos, longas figuras espiraladas. Tudo ilusão. Anjos, querubins, demoninhos dançam em nossa imaginação ao som da citara que vem de um gravador. No tremular das velas nascem fantasias que vão tomando corpo, apenas em nossa mente. Lá fora ouvem-se carros, buzinas, risos, sons comuns do dia carioca; mas aqui reina a intuição. Venha também para este mundo de sonho e fantasmagoria. Entre em transe e aproveite essas experiências novas, as imagens que vão surgindo em seus espelhos, seus copos de água, suas bolas de cristal.

PEDRAS E MOEDAS PREVÊEM SEU FUTURO

Há, em um bairro tradicional do Rio de Janeiro, um sobradão colonial, maltratado pelo tempo e pelo descaso, todo pintado de azul. Lá moram ciganos, reis da adivinhação. Com eles, vivem os restos do que, em outros tempos, foi o segredo da tribo: baralhos, estatuetas e moedas que revelam o destino.

Ciganos não gostam de visitas. Os homens usam argolas de ouro e lenços vermelhos no pescoço; as mulheres, saias coloridas. Lembram magos de Andaluzia ou das praças de touros da Espanha. De onde eles vieram, ninguém sabe. Como vivem? Hoje trabalham, pois tornaram-se sedentários. Mas ainda lêem a mão e jogam com moedas, que chamam de patacas, e também com pedrinhas. Esses são jogos antigos e de muita tradição; aprenda-os aqui e faça bom uso deles.

O JOGO DAS PATACAS CIGANAS

Esse jogo precisa apenas de duas moedas, que devem ser limpas com carinho, até ficarem reluzentes, brilhantes como a luz do sol. As moedas devem ser douradas, pois as desta cor contêm cobre, o metal mágico para os ciganos que, conhecedores do segredo do fogo, através dos séculos foram ferreiros, alquimistas, e fizeram belos jarros e talheres de cobre, que vendiam nas feiras da Europa.

Você pode fazer esse jogo, pois ele pode responder a qualquer pergunta. Basta que você se concentre, pense fortemente no que deseja saber e jogue as moedas; entre a cara e a coroa, gira o destino. Mas geralmente não se jogam as moedas para si mesmo, pois devem existir pelo menos duas pessoas no jogo: uma que joga e a outra que se concentra e faz as perguntas. É assim a magia.

Feita a pergunta, o ledor da sorte vê como as moedas caíram. Temos três possibilidades de resposta: sim, não e talvez.

Se, ao jogarmos as moedinhas, obtivermos duas coroas, temos o 'sim' como resposta à nossa pergunta. Tudo está positivo, o caminho está aberto, o futuro é de felicidade.

Mas se, ao lançarmos as moedas, obtivermos duas caras, a resposta é 'não', caminhos fechados, problemas.

Uma cara e uma coroa indicam resposta dúbia, pois a magia cigana nesta caída responde 'talvez'. Há possibilidades, mas não será fácil, há luta para vencer.

Viu como é fácil? Basta ter boa vontade e pensamento firme. E que os ciganos digam sempre sim às suas boas perguntas...

O JOGO DAS SETE PEDRINHAS

Esta variação do jogo das patacas pode ser feita com sete pedrinhas claras, sete grãos de feijão ou até sete moedas, caso você possua daquelas antigas, claras e pequenas.

A mesa do jogo é a terra, a mesma onde os antigos feiticeiros da África traçavam os desenhos mágicos dos seus métodos secretos de adivinhação. Vamos aprender como o jogo é feito em um terreiro de umbanda. Pedra e poeira enchem o caminho que nos leva a ele. Zumbem os espíritos na casa dos caboclos. Batuque, canto, zoada soam na estrada que leva a gente banhada na fé de Oxalá, nas águas ardentes dos índios. Chegamos junto com as filhas-de-santo, os batuqueiros, os mandingueiros, gente que crê nas coisas do além. Na estrada há uma fonte; no caminho, uma cobra solta. Parece que os feiticeiros plantaram aqui os seus deuses... E estes me ensinam o antigo jogo. Pegamos as sete pedrinhas. Segurando-as nas mãos, fazemos a pergunta com fé. A seguir, atiramos as pedrinhas no chão, diretamente sobre a terra. Podem-se formar várias figuras: um garfo, um quadrado, um triângulo, um caminho, um amontoado (quando as pedrinhas caem umas sobre as outras), uma cruz, uma estrela. É claro que essas figuras não se formam com exatidão, como se fossem desenhadas em um papel: a posição das pedrinhas apenas nos lembra uma cruz, um triângulo etc. São essas imagens que indicam as várias respostas.

Vejamos o que as figuras significam. Se fizermos uma pergunta e, ao jogarmos as pedrinhas, formar-se uma cruz, isso indica sofrimento. Se se formar um garfo, perigo; se virmos o quadrado, vida fechada; se as pedrinhas formarem um caminho, novidades; mas se elas se amontoarem, temos uma vida difícil, problemas causados por nossa insegurança ou por nossa culpa. O triângulo fala de proteção espiritual no assunto sobre o qual perguntamos; a estrela diz que teremos boa sorte e sucesso absoluto em nossas questões.

Assim, pela força da magia, conseguimos obter respostas às nossas perguntas.

INCENDIANDO CORAÇÕES

Se você, homem ou mulher, jovem ou maduro, deseja tornar-se mais atraente, monte um programa de correção de suas deficiências e de reforço das qualidades que já possui. Para começar, enfrente o espelho e avalie suas forças: sua pele e seus cabelos estão bem, ou precisam de um tratamento especial? Como estão suas unhas? Você está acima do peso ou, ao contrário, tem aspecto fraco e doentio? As cores que usa são as melhores para você? Que cheiro você deixa no ambiente: de cigarro, bebida, suor ou mau hálito? Ou usa algum perfume que é sua marca registrada? Esse perfume corresponde à impressão que você quer causar?

Agora que identificou seus pontos fracos, trace sua estratégia. Consulte especialistas, adote cuidadosamente os cuidados necessários. E ajude com as receitas mágicas dadas adiante. Mas lembre-se sempre de dois pontos importantes: em primeiro lugar, seja você mesmo; não tente parecer com o artista consagrado ou com a garota mais vistosa do colégio. Todos percebem quando uma pessoa é artificial, e isso não agrada a ninguém. Em segundo lugar, invista principalmente em uma aparência limpa e saudável, sem enfeites ou exageros. Uma mulher muito enfeitada pode ser provocante, mas não é elegante e pode tornar-se ridícula; e a pintura em demasia pode desagradar em vez de agradar.

Da mesma forma, o homem que mais agrada às mulheres não é o que exibe um visual excessivamente enfeitado: o mais atraente é o homem saudável, limpo, arrumado e, principalmente, educado e cortês. Aliás, esta é uma diferença freqüente entre as percepções de homens e mulheres: enquanto o homem, à primeira vista, costuma reparar principalmente no aspecto exterior, a mulher geralmente dá pesos iguais à aparência e ao comportamento.

Aprenda agora os feitiços que o tornarão atraente, os amuletos que lhe darão maior potência e sedução, os perfumes e as poções que garantirão seu sucesso no amor.

REZA DO SÁBIO IMHOTEP E DA SACERDOTISA DE RÁ

Esta oração vem do Egito antigo. Recitando-a diariamente, com muita fé, você irá aos poucos tornando-se mais acessível às coisas do amor.

"Vive de acordo com o teu coração. Põe óleo e mirra em tua cabeça e cobre o teu corpo com os mais finos tecidos. E deixa-te bendizer pelas maravilhas dos deuses. Não deixes que teu coração seja invadido pelas preocupações e pesares, até que chegue o dia da grande lamentação.

Ama, deixa-te dominar pelo amor, ama sempre; que os deuses te ajudarão. Aquele que é capaz de amar viverá eternamente, pois a barca dos céus o levará ao julgamento de Osíris e assim passará pelas portas secretas que levam ao céu."

BANHO AFRODLSÍACO INDIANO

Este banho deve ser tomado pelas mulheres que desejam tornar-se mais desejadas. Seus ingredientes são os seguintes:

- Um punhado de flores de lótus.
- Dois litros de água.

Leve a água ao fogo. Quando estiver fervendo, junte as flores. Apague o fogo, deixe amornar e coe. Depois de tomar um banho comum de higiene, despeje a infusão sobre o corpo todo.

BANHO DE ATRAÇÃO DE CABOCLO

Para tornar-se mais atraente, experimente a força das ervas mágicas dos caboclos. Os ingredientes são os seguintes:

- Um punhado de manjericão.
- Um punhado de flores de madressilva.
- Essência de pinho.
- Dois litros de água quente.

Misture todos os ingredientes e use depois de um banho de higiene comum, despejando sobre todo o corpo.

UMA FIGA PARA TORNAR-SE MAIS ATRAENTE

Segundo o povo da umbanda, a figa de madeira, usada presa à roupa, serve para levantar quem anda cansado, mole de corpo, dormindo demais. A figa verde traz saúde, deixando seu dono com um aspecto mais atraente. A figa vermelha traz amores. A de coral atrai paixões e a de ouro, boa sorte, garantindo sucesso nos pedidos de amor.

AROMA DAS FEITICEIRAS DA NORTÚMBRIA

Documentos encontrados em monastérios de Beda, na Nortúmbria (na Inglaterra), datados de cerca de 700 d.C., ensinam que um perfume feito com óleo de prímula auxilia a pele a ficar mais bela, tornando mais atraente quem o usa.

OS CIGANOS FALAM SOBRE PERFUMES

Uma velha cigana manuche, com seu riso esperto, ensinou-me segredos que passaram de geração em geração:

"- Passar sobre a pele óleo de rosas brancas após o banho faz com que do corpo se desprenda um odor que atrairá as pessoas."

Os ciganos também usam muitos outros aromas, como almíscar, sândalo, pinho, óleo de sassafrás, aloés, manjericão cheiroso, cravo, canela, hortelã-pimenta, arruda macho e fêmea, louro, rosa musgosa, alfazema, essência de limão, erva-da-lua (jasmim do cabo), flor do pau-da-felicidade (peregum), jasmim, manjerona, azaléa, goma de alcatira e tintura de âmbar cinzento.

AROMAS DOS ORIXÁS

Os perfumes de amor, de aroma picante, quente e gostoso, vieram para o Brasil trazidos pelas caravelas, no tempo das descobertas. Esses cheiros de encantamento vieram quase todos do Oriente e da Europa: canela, cravo, noz-moscada, patchuli, alfazema, incenso, sândalo, arruda, óleos de madeiras e de frutos raros, tudo misturado fazia o pó ou o perfume que as damas européias usavam nas noites de paixão. Esses perfumes singraram os mares para vir enfeitiçar o coração dos que viviam nas terras de Santa Cruz, onde as sinhás os usavam, às escondidas, para atrair seus amantes.

Depois, começaram a chegar os aromas vindos da África: obi, orobô, fava-divina, dendê, guiné que, junto com o cheiro bom das mangas, pitangas e jacas, fizeram do povo daquele tempo gente mais ardente do que nunca. E tome a nascer menino no Brasil! Meninos mulatos, cafuzos, indiozinhos meio brancos, com muito axé, que nós somos raça ardente e bem-apessoada... O amor corria pelas terras das Gerais, pelas ladeiras da Bahia, pelas coletas de ouro e diamante, pelas plantações de cacau e de café. O amor foi vinho que correu e regou a alma do povo nascente.

Hoje esses pós de amor, esses perfumes de atração, esses filtros afrodisíacos são jóias bem guardadas pela gente das casas de candomblé e dos terreiros de umbanda. Nos terreiros, o perfume é feito para quem vai usá-lo. Deve ter ligação com o orixá da pessoa e leva ervas que se harmonizam com ele.

Se você quiser usar um perfume na vibração do seu orixá protetor, use-o com fé, que ele funcionará muito bem, dando-lhe maior encanto e poder de sedução. Consulte a lista apresentada anteriormente (ver *Pedindo aos Orixás*) para saber os aromas que devem ser usados para cada entidade. Esses aromas podem ser usados igualmente por homens e mulheres filhos dos orixás. Também podem ser usados por qualquer pessoa que deseje fazer um pedido a um certo orixá, mesmo que ele não seja o dono da sua cabeça. Como já foi dito anteriormente, somente as pessoas feitas no santo é que precisam pedir licença, perguntando ao seu orixá o que podem ou não usar.

POÇÃO PARA AUMENTAR A ENERGIA

Essa é uma antiga receita, ensinada por Pietro, o zíngaro. Os ingredientes são os seguintes:

- Seis gemas batidas.
- Uma colher (sopa) de canela em pó.
- Um litro de leite.
- Três colheres (sopa) de açúcar.

Misture tudo muito bem. Coloque em uma garrafa, tampe e deixe repousar por três dias, na geladeira. Tome durante a Lua crescente, na dose de um cálice às refeições.

OUTRA POÇÃO PARA AUMENTAR A ENERGIA

Essa receita, vinda dos ciganos de Andaluzia, ajuda a aumentar o vigor. Os ingredientes são os seguintes:

- Três cenouras cruas.
- Duas beterrabas cruas.
- Dois bifes de fígado crus.

- Cinco ovos de pata, com a casca.
- Uma noz-moscada ralada.
- Um litro de leite.
- Misture tudo, batendo no liquidificador. Coloque em uma garrafa, tampe e deixe repousar durante três dias, na geladeira. Tome um cálice às refeições.

POÇÃO PARA LEVANTAR AS FORÇAS

A cigana Zaíra ensina uma receita que leva os seguintes ingredientes:
- Um litro de leite.
- Um ovo cozido.
- Um copo de ameixas pretas sem o caroço.
- Uma colher de noz-moscada ralada.
- 100g de marmelada.
- Um punhado de jurubeba.
- Uma folha grande de saião.
- Uma maçã.
- Uma colher (sopa) de levedo de cerveja.
- Três colheres (sopa) de farelo de trigo.
- Três colheres (sopa) de mel.

Bata tudo no liquidificador. Coloque em uma garrafa, tampe e guarde na geladeira. Tome um cálice às refeições.

POÇÃO CONTRA ESPINHELA CAÍDA

A *nona* Olímpia Maioni manda usar os seguintes ingredientes:

- Meio litro de água.
- 100g de ameixa preta sem caroço.
- Um pedaço de canela.
- Uma maçã.
- Um vidrinho de mel de abelha.
- Uma colherzinha de breu.

Misture tudo. Coloque em uma garrafa, tampe e deixe repousar por três dias na geladeira. Tome um cálice às refeições.

BANHO CIGANO DE SEDUÇÃO

Esse banho, cuja receita vem das areias dos desertos por onde andaram os ciganos, torna mais atraente quem o utilizar. Os ingredientes são os seguintes:

- Sete copos de água pura.
- Três pétalas de rosa branca.
- Três pitadas de açúcar.
- Três gotas de essência de verbena.
- Um pedaço de cânfora.

Misture tudo e jogue sobre o corpo todo, pensando na conquista de um novo amor.

ACERTE NO ALVO!

A batalha mais difícil da conquista amorosa é a que deve ser travada pela pessoa apaixonada, para atrair a atenção do seu amor. O homem costuma ser muito direto nessa abordagem. Ele avança até onde pode e ainda tenta forçar um pouquinho... mas nem sempre a facilidade e a rapidez da conquista irão prendê-lo: em geral, o que ele está querendo, na verdade, é encontrar resistência, o que irá apimentar o jogo e valorizar a mulher aos seus olhos. Por isso, a melhor tática para prender aquele bonitão que está dando em cima de você não é ser totalmente acessível: deixe que ele perceba seu charme e suas qualidades, mas mantenha-se um pouco arredia; isso vai estimular os instintos conquistadores do macho, sem que ele perceba que, na verdade, ele é quem está sendo conquistado... Mas não exagere, pois às vezes o homem vê a mulher desejada como uma divindade inacessível e, se não receber algum estímulo para se aproximar, desistirá da conquista.

Às vezes, pensando agradar, o homem afasta de si a mulher que deseja conquistar. Isto ocorre porque poucos homens conseguem entender realmente o que pensam e sentem as mulheres. Mas elas não são complicadas: o que ocorre é que elas geralmente combinam bem a sexualidade com o sentimento, não se satisfazendo apenas com um aspecto exterior atraente mas vazio. Por isso, para conquistar uma mulher, o homem deve ter em mente que não basta exibir seu charme e tomar atitudes de conquistador: afeto, companheirismo, atenção e cortesia são fundamentais. Além disso, as mulheres detestam que um homem confunda extroversão e alegria com futilidade e promiscuidade: tratar uma mulher como uma presa fácil é a melhor forma de perdê-la e de ficar desacreditado junto às suas amigas.

Seja você homem ou mulher, se deseja conquistar alguém, preste atenção em seu comportamento, para agradar à pessoa que lhe interessa. Além disso, abuse da magia dos cinco sentidos para tornar-se inesquecível para o seu amor: prenda seu olhar usando a força de seus próprios olhos; avelude a voz para falar sobre seus assuntos preferidos; toque-o discretamente, mas com carinho; deixe que sinta o perfume mágico que usa sempre que vocês se encontram; invente pretextos para adoçar sua boca com feitiços preparados na cozinha... E não esqueça de usar os amuletos e as magias de amarração que o prenderão a você para sempre.

Finalmente, preste atenção a esta dica importante. Se você usou todas as suas armas e a pessoa que desejava conquistar deixou bem claro que não se interessa, faça uma coisa boa por você: convença-se de que essa não é a única pessoa interessante no mundo e que outros amores virão. Dedique-se a novos interesses, faça uns programas diferentes com seus amigos, ponha em dia a agenda cultural, dê um presente para si mesmo (uma roupa nova, uma visita ao cabeleireiro) e olhe em volta com atenção. Você descobrirá que, depois de algumas caixas de lenços de papel, estará pronto para as novas paqueras que podem surgir a qualquer momento!

FEITIÇO AMOROSO DA DEUSA BASTET

Imagine que você conheceu uma pessoa encantadora e deseja que ela se aproxime; mas ela não lhe vê e você não tem coragem de tomar a iniciativa. Experimente atrair essa pessoa, usando a força da deusa-gata egípcia. O material necessário é o seguinte:

- Uma vasilha com leite fresco.
- Um pedaço de papel.
- Lápis ou caneta.

Escreva no papel o seu nome e o da pessoa que deseja atrair, envolvendo cada um deles em um círculo. Coloque o papel dentro da vasilha com leite e ofereça-o à deusa Bastet, colocando a tigela fora de casa, em um jardim.

REZA DE AMOR DE ÍSIS

Quando queremos que a grande deusa egípcia nos ajude a encantar alguém, podemos fazer-lhe uma oração:

"Tu és a mãe da natureza inteira, senhora de todos os elementos, origem e princípio dos séculos; divindade suprema do Egito, rainha das almas dos mortos, primeira entre os habitantes do céu; tu és o sopro salutar do mar, e governas tudo à tua vontade. Os egípcios te chamaram pelo teu

verdadeiro nome, rainha Ísis. Assim eu te peço, traz-me o amor de Fulano(a), grande mãe de Hórus."

Essa belíssima reza milenar é forte como as construções coloridas da terra egípcia, como as quentes areias do Saara. Faça-a com fé. Ísis, a deusa da magia do Egito, por certo vai-lhe ajudar.

MAGIA DE AMOR DO SABÁ

Esse antiquíssimo trabalho para conquistar o amor de uma pessoa desejada é uma oferenda a Maeve, a deusa celta da luxúria. Ele utiliza os seguintes materiais:

- Um jarro de barro pequeno.
- Um punhado de pétalas de flores silvestres.
- Um pão redondo.
- Uma garrafa de vinho tinto doce.

Em um sábado ensolarado, leve todo o material para um local de mato ou terra, ao ar livre (nunca faça esse trabalho dentro de casa).

Ponha as pétalas dentro do jarro e despeje o vinho por cima. Coloque o jarro no chão, com o pão ao lado, de modo que toda a energia do sol vibre sobre a oferenda. Ofereça aos deuses do campo, dizendo o nome da pessoa amada e pedindo ajuda para conquistar o seu amor.

MAGIA DE AMOR COM FIOS DE CABELO

Moças e rapazes têm o direito de lutar por seu amor com todas as armas, inclusive as mágicas. Se você

realizar esse feitiço com fé, fique certo de que obterá o que deseja, com o auxílio de Cipriano, o feiticeiro e santo de Antióquia. O material necessário é o seguinte:
- Um coração de galinha.
- Um pedaço de papel de seda branco.
- Lápis ou caneta.
- Alguns fios de cabelo próprios e outros da pessoa por quem deseja ser amado.
- Um vidrinho de um perfume de sua preferência (lembre-se de que os aromas de rosa, jasmim e outros perfumes doces são bons para o amor).

Escreva no papel o nome da pessoa a quem você deseja amarrar. Coloque sobre esse papel o coração de galinha e os fios de cabelos. Faça um embrulho e regue-o com o perfume, mentalizando seu pedido. Enterre junto a uma roseira (pode ser em um vaso dentro de casa ou em um jardim).

FEITIÇO DA SALAMANDRA COM BONECOS DE CERA

Esse feitiço era feito pelas bruxas medievais, nas noites de lua cheia, quando Vênus estava no céu. Ele usa os seguintes materiais:
- Dois bonecos de cera, representando as duas pessoas que se deseja unir.
- Um pedaço de fita cor-de-rosa.
- Um fio de cabelo de cada uma das pessoas.
- Uma rosa vermelha.
- Um pouquinho de açúcar.

- Um alfinete, agulha ou estilete.
- Um cestinho, pote ou caldeirão em que caibam os bonecos.

Para começar, prenda um fio de cabelo em cada um dos bonecos. Usando o alfinete, escreva em cada boneco o nome do dono do cabelo preso a ele, batizando assim os bonecos. A seguir, amarre os bonecos juntos, dando várias voltas com a fita e, no final, dando um nó bem firme. Enquanto faz isso, vá repetindo seu pedido, chamando os bonecos pelos seus nomes e dizendo que eles vão ficar amarrados pela força da magia. Coloque o par de bonecos dentro do caldeirão, junto com as pétalas da rosa. Polvilhe açúcar e guarde em um lugar seguro.

Se, algum dia, você quiser se afastar dessa pessoa, desamarre os bonecos, dizendo que os está liberando do feitiço, e despache todo o material bem longe de casa.

BANHO DE ATRAÇÃO DA BRUXA SALAMANDRA

Experimente tomar esse banho mágico antes de ir a um lugar onde possa encontrar a pessoa por quem se apaixonou e que ainda não lhe deu atenção. Esse banho é muito antigo; mas sempre deu certo, segundo dizem os que o fizeram. Ele usa os seguintes materiais:

- Um punhado de erva-da-lua (jasmim-do-cabo).
- Um punhado de flores silvestres.
- Dois litros de água.

- Um caldeirão de ferro.
- Um recipiente limpo.

Coloque as ervas e a água dentro do caldeirão e deixe ferver. Tire do fogo e espere esfriar até que esteja somente morno. Coe para o outro recipiente. Tome um banho de higiene comum. A seguir, despeje a infusão sobre o corpo todo, mentalizando seu desejo em relação à pessoa que quer atrair.

FEITIÇO DE ATRAÇÃO DO AMOR PELA FORÇA DA DEUSA BRÍGIDA

Brígida, uma deusa celta da fecundidade, era invocada nos tempos antigos para favorecer os desejos de amor. Para ela faziam-se oferendas com três frutos. Os materiais necessários são os seguintes:

- Três frutas doces à sua escolha.
- Um vidrinho de mel.
- Um prato de barro.
- Uma faca.

Faça essa oferenda em um dia de Lua crescente.

Se as frutas forem grandes, corte-as em pedaços. Arrume todas no prato e regue com o mel, mentalizando seu amor. Entregue em qualquer lugar de mato, onde haja natureza viva.

FEITIÇO DAS PEDRAS DA BRUXA SALAMANDRA

Esse feitiço veio dos tempos antigos, passando de geração a geração. Com ele, você pode chamar seu amor até você, usando o poder dos cristais. O material necessário é o seguinte:

- Três pedras brutas pequenas.
- Uma ametista pequena.
- Um cristal incolor pequeno.
- Um coral pequeno.
- Um pedaço de papel branco virgem.
- Lápis ou caneta.
- Uma taça incolor.
- Água.

Em um dia de Sol, escreva o nome da pessoa amada no papel. Coloque-o em um lugar seguro, pondo as pedras por cima. Deixe tudo assim até que a pessoa se declare. Depois que isso ocorrer, ponha as pedras na taça com água e guarde-as assim em casa, sem contar a ninguém o que está imantado ali.

BRUXARIA PARA CONQUISTAR A PESSOA AMADA

Segundo a Bruxa Salamandra, esse encanto serve tanto para atrair um homem, quanto uma mulher. O material necessário é o seguinte:

- Pêlos de um casal de gatos pretos, obtidos quando eles estiverem acasalando.
- Um punhado de alecrim.
- Um pouco de sal amoníaco.
- Um vidrinho pequeno, com tampa firme.
- Fósforos.
- Um prato de metal ou de material refratário.

Para obter os pêlos, procure um criador que tenha gatos pretos. Peça-lhe que, quando um casal de gatos dessa cor acasalar, ele pegue, de alguma forma, um pequeno chumaço de pêlos de cada um dos animais, guardando-os para você.

Em sua casa, misture os pêlos com o alecrim e queime sobre o prato. Coloque as cinzas dentro do vidro, juntando um pouco do sal amoníaco. Tampe o vidro para conservar o aroma bem forte. Depois de tudo pronto, segure o vidro com a mão direita e diga as seguintes palavras:

"– Cinza, com a minha mão eu te fiz, do pêlo que foi tirado do gato e da gata, e toda pessoa que te cheirar vai ficar apaixonada."

Feito isso, o vidro ficará com força mágica. Então, é só arranjar uma boa desculpa para que a pessoa que você deseja o cheire, e a conquista estará concretizada.

REZA DE SANTA CATARINA PARA CHAMAR O AMOR

"Minha beata santa Catarina,
minha beata, como o sol formosa,
linda como a lua, linda como a rosa.
Minha beata, que abrandas o coração dos homens,
eu te peço que abrandes o coração de Fulano para mim.
Fulano, quando me vires, só a mim poderás ver entre todas.

*Por mim chorarás, por mim suspirarás,
como a Virgem chorou por seu bendito Filho.
Se estiveres dormindo, acordarás,
se estiveres comendo, não comerás,
se estiveres conversando, não falarás,
enquanto comigo não vieres encontrar.
Me amarás entre todas as mulheres do mundo
e eu serei para ti como uma flor sempre fresca
e bela."*

(Rezar em seguida uma Ave-María)

SIMPATIA PARA CONQUISTAR A PESSOA AMADA

Essa simpatia usa a força das ervas mágicas para amarrar seu amor. O material necessário é o seguinte:

- Um pedaço de pano branco.
- Linha ou fita branca.
- Um raminho de arruda.
- Um raminho de guiné.
- Um raminho de alecrim.

Coloque as ervas sobre o pano. Junte suas pontas, formando uma trouxinha, e amarre com a fita ou linha, fechando bem. Feito isso, diga as seguintes palavras:

"– Arruda, guiné, alecrim, que seu cheiro traga um amor para mim. "

Logo depois, tome um banho usando seu sabonete habitual; mas, ao se ensaboar, passe no corpo o saquinho com ervas junto com o sabonete.

Quando você encontrar a pessoa dos seus sonhos e ela sentir o perfume que sairá de você, por certo ficará apaixonada. É o que dizem os muambeiros, os magos do amor...

FEITIÇO DO ESPELHO

Essa é uma receita de preta-velha, muito simples mas eficaz. O material necessário é apenas um espelho novo, em que ninguém ainda tenha se olhado. Leve o espelho com você, quando tiver oportunidade de estar com a pessoa que ama. Quando encontrar um pretexto, peça a ela que se olhe no espelho. Você pode inventar uma boa desculpa para isso, não?

Depois que seu amor olhar o espelho, guarde-o na bolsa e passe para a segunda parte do plano. Esconda o espelho em um local por onde a pessoa amada passe com freqüência, de modo que, sem que ela o perceba, sua imagem seja refletida nele. Depois que ela passar três vezes pelo lugar, retire o espelho, dizendo:

"– Assim como a figura de Fulano(a) aqui está gravada, que em seu coração meu nome fique gravado."

Guarde o espelho embrulhado, em um local escondido, para não quebrar o feitiço.

FEITIÇO DA MAÇÃ DA BRUXA SALAMANDRA

Dizia a poderosa bruxa que esse feitiço nunca falha. É usado o seguinte material:

- Uma maçã.
- Um pedaço de papel.
- Lápis ou caneta.
- Uma faca.
- Um vidrinho de mel.

Escreva no papel o nome do seu amor. Abra um buraquinho no centro da maçã. Enfie dentro o papel e por cima coloque bastante mel. Entregue a maçã em um jardim florido.

FEITIÇO DE AMOR DE OXUM

As filhas de Oxum são sempre muito femininas, dengosas e cheias de amor. Um dos seus segredos é uma amarração forte, que não há jeito de desmanchar. Quem a faz deve ter certeza de que está bem apaixonada, pois o escolhido virá com a força do vento, com o furor das águas da cachoeira. Se ele já for seu namorado e estiver frio com você, o feitiço irá torná-lo novamente apaixonado como nos primeiros dias. O material é o seguinte:

- Uma banana-da-terra verde.
- Uma faca nova.
- Um pedaço de papel branco.
- Lápis ou caneta.
- Um pratinho de louça branco, novo.
- Um carretei de linha branca ou azul, novo.
- Um vidrinho de mel.
- Um pouco de açúcar.

Dê um corte ao comprido na banana, sem tirar a sua casca; o corte deve ser suficiente apenas para deixar entrar o pedacinho de papel. Escreva no papel o nome do seu amado; dobre-o e enfie na banana. A seguir, enrole a banana inteira com a linha, usando todo o carretel, enquanto repete seu pedido. Coloque a banana toda amarrada dentro do prato; regue com muito mel e cubra com açúcar. O mel é um segredo de Oxum no candomblé: ela adora receber esse presente.

Guarde o pratinho em um canto de sua casa ou do quintal. Depois que seu pedido for atendido, entregue a banana em uma cachoeira. É tiro-e-queda: a gente do candomblé e da umbanda diz que esse feitiço faz casamentos, ou traz seu amado de volta em sete, quatorze ou vinte e um dias...

AMULETO DE AMARRAÇÃO

A figa atrai as pessoas que são objeto do seu desejo. Use uma figa vermelha (de plástico ou coral) num cordão, numa pulseira ou presa na roupa por um alfinete. Antes de usá-la pela primeira vez, lave-a em água corrente. A seguir, segure-a por alguns instantes, concentrando a atenção no seu pedido.

VITÓRIAS DE AMOR COM UM CRISTAL

Toda pessoa que descobre o amor sente uma grande modificação no seu íntimo. Muitas vezes, o jovem alegre chega a sentir-se triste, procurando a solidão e o silêncio. Ele mesmo não acha explicação para sua mudança. Muitas vezes sonha alto, e só se sente bem junto da pessoa amada, embora se sinta tímido, inseguro para falar com ela. Essa insegurança é própria da paixão; mas você pode ficar mais forte usando uma magia simples, o poder do cristais.

O fascínio dos cristais e das pedras preciosas sobre o ser humano é tão antigo como a história da humanidade. Você bem conhece a história do Super-Homem, escrita originalmente para revista em quadrinhos por Roger Stern. Essa história nos fala que a única coisa capaz de destruir o homem de aço é uma pedra verde, chamada kriptonita, que é um pedacinho do planeta Kripton, destruído por uma explosão. Na versão cinematográfica há uma outra pedra, ainda mais misteriosa. É um cristal claro que Clark Kent, o herói, encontra num velho celeiro da fazenda onde morava. Com esse cristal ele pôde caminhar até uma gruta gelada, a famosa Fortaleza da Solidão, onde encontra outros cristais que lhe revelam todo o conhecimento de que ele necessita.

Isso é apenas ficção; mas o poder dos cristais é uma verdade. Com um cristal nas mãos e um forte sentimento de amor você pode atrair a pessoa amada. A técnica é fácil de aprender e precisará do seguinte material:

- Um cristal à sua escolha.
- Um bastão de defumador com aroma de incenso (franquincenso ou olíbano).
- Um pedaço de papel branco, virgem, ou, opcionalmente, um retrato da pessoa amada.
- Lápis ou caneta.

Inicialmente, escolha o seu cristal. O mais adequado para você é aquele que atrai sua atenção no meio dos outros na loja ou na barraquinha de rua que vende pedras.

O próximo passo é limpar o cristal. Existem várias maneiras de fazer isso. Uma é defumando-o com o incenso. Outra é lavando-o em água corrente, fria, de torneira, e deixando-o depois secar ao ar livre, sem enxugar com toalha.

Para preparar o cristal para o uso mágico que deseja dar-lhe, toque-o com as duas mãos e sinta-o. Feche os olhos e concentre-se no seu chacra frontal (o que fica entre os olhos). Comece a respirar profundamente para relaxar. Depois harmonize-se com sua pedra, sempre de olhos fechados, pensando que ela é sua e que está vibrando com você. Pode ser que o cristal comece a tremer ou a vibrar. Fique atento. Respire com calma. Depois de algum tempo, você pode abrir os olhos: seu cristal já está preparado.

Para programar seu cristal para ter êxito como amuleto de amarração, deixe-o ao relento para receber a influência lunar. Faça isso no primeiro dia da lua cheia. Depois escreva no papel o nome de seu amor, ponha-o em um lugar escondido (em uma gaveta ou no armário) e coloque o cristal em cima. Se tiver conseguido um retrato, use-o em lugar do papel.

O seu cristal deverá ficar guardado sempre em cima desse papel ou retrato; assim, ele estará sempre em harmonia com seu amor.

Para atrair seu amor pelo cristal, segure-o por algum tempo junto ao seu coração e pense na pessoa amada, repetindo o nome dela várias vezes. Depois de guardar o cristal, tome coragem e vá procurar seu amor para conversar.

PERFUME DA BRUXA SALAMANDRA

Esse perfume vem da Europa medieval. É usado por mulheres que desejam prender corações pela magia. Os ingredientes são os seguintes:

- Essência de rosas.
- Essência de laranja amarga.
- Essência de jasmim.
- Pó de mandrágora.

Misture todos os ingredientes e prepare um perfume seguindo a receita dada anteriormente. Lembre-se de dividir a quantidade total de essência por três: para as quantidades dadas na receita, use 10 ml de cada aroma.

PERFUME DAS FEITICEIRAS ESPANHOLAS

Esse perfume, próprio para atrair homens, vem da Espanha do século XIV. Segundo as bruxas de Castela, deve ser feito no sétimo dia da lua cheia. São usados os seguintes ingredientes:

- Essência de maçã.
- Essência de jasmim.
- Álcool de cereais.
- Fixador para perfume.

Misture os dois aromas, prepare o perfume segundo a receita dada anteriormente e utilize em sua magia.

PERFUME SENSUAL PARA HOMENS

Essa é uma antiga receita da Bruxa Salamandra, que combina aromas apropriados para criar uma atmosfera de sensualidade masculina. Os ingredientes são os seguintes:
- Essência de sândalo.
- Essência de olíbano.
- Álcool de cereais.
- Fixador para perfume.

Para um litro de álcool, use 15ml de cada essência. Misture tudo de acordo com a receita dada anteriormente.

AROMA DA CONQUISTA

Segundo a Bruxa Salamandra, esse perfume torna um homem irresistível e sensual. Os ingredientes são os seguintes:
- Essência de pinho.
- Essência de aloés.
- Essência de laranja amarga.
- Álcool de cereais.
- Fixador para perfume.

Para um litro de álcool, use 10ml de cada essência. Misture tudo de acordo com a receita dada anteriormente.

DO ROLO AO NAMORO

Se você seguiu as instruções dos capítulos anteriores, já deve ter conseguido atrair a atenção da pessoa que lhe interessa. Vocês já são grandes amigos, já ficaram juntos ou, quem sabe, está "rolando" uma ligação mais forte entre vocês. Mas não é só isso que você quer: seu objetivo é a conquista total. Chegou então a hora de aumentar a pressão sobre seu alvo até que seu amor se decida pelo namoro, por um compromisso mais firme.

Da mesma forma como, na abordagem inicial, você precisou dar muita atenção à sua aparência, esta fase tem sua estratégia principal. Agora é necessário que você mostre sua beleza interior. Descubra quais são os gostos e os interesses do seu amor; puxe conversa sobre esses temas - mas tome cuidado para não exagerar no entusiasmo, para não colocar em dúvida sua sinceridade! Por isso, não tente forçar demais uma aproximação com alguém muito diferente de você, pois a relação dificilmente dará certo.

Fale também sobre si, deixe que seu amor conheça melhor suas idéias. Mas não se exiba como um pavão: saiba ouvir na mesma proporção em que fala. Mostre-se uma pessoa atenciosa, sensata e digna de confiança: demonstre interesse real por seus problemas, dê opiniões e apoio. Mas, atenção: comporte-se como uma pessoa amiga, não como mãe ou pai. Seja uma boa companhia, não um tutor. Aos poucos, seu amor começará a sentir sua falta, pensará sempre em você, principalmente se você continuar usando aqueles recursos sensoriais que aprendeu no capítulo anterior.

Preste atenção agora nas coisas que você nunca deve fazer, seja você homem ou mulher. Fuja de mostrar-se uma pessoa autoritária ou possessiva, pois ninguém gosta de sentir-se propriedade de outro. Também não seja excessivamente atrevido a ponto de tornar-se vulgar: homens e mulheres preferem uma aproximação levemente ousada, mas sutil. Evite mostrar sua alegria e descontração por meio de um visual estranho demais, um comportamento desleixado ou uma linguagem vulgar: essa conduta é a melhor forma de afastar a maioria das pessoas e só funciona com aquelas que compartilham os mesmos comportamentos e gostos tribais.

Não seja insistente demais, grudento, ansioso: ninguém gosta de sofrer o assédio constante de uma pessoa que se comporta como um animalzinho carente, que se torna inconvenientemente íntima ou que se sente no direito de mandar no outro. Por outro lado, não seja indiferente demais: mostrar um pouco de desinteresse é uma técnica de conquista que raramente falha, pois tanto os homens quanto as mulheres se deixam levar pelo desafio da pessoa "difícil"; mas se você exagerar, correrá o risco de ver seu amor desistir de você.

Pedir um ombro amigo para chorar suas mágoas também costuma ser uma boa estratégia de sedução, quando é usada com critério e parcimônia. Toda mulher tem seus instintos maternais despertos por um homem que sofre por amor: seu ideal torna-se fazê-lo esquecer a outra e encontrar a felicidade com ela. Da mesma forma, todo homem tem o impulso de consolar e proteger uma mulher frágil e triste. Mas não abuse ao usar esse recurso, pois você pode tornar-se tão entediante com suas lamúrias, que seu amor passará a fugir de você.

Se você viver a situação inversa, tendo de consolar seu amor, aproveite a ocasião para mostrar como é confiável: não abuse da situação, como fazem muitos que aproveitam a fragilidade da outra pessoa para forçar uma intimidade que ela não desejava.

Tudo pronto para a batalha? Então entre em campo. E aproveite para usar um bom perfume, para fazer um encantamento ou um prato gostoso que amarre para sempre seu amor...

PERFUME DE ATRAÇÃO

Esse é um dos mais fortes perfumes de atração conhecidos nos terreiros. Os ingredientes são os seguintes:

- Essência de almíscar.
- Essência de rosas.
- Essência de jasmim.
- Álcool de cereais.
- Fixador para perfume.

Use 10ml de cada essência para fazer um perfume segundo a receita dada anteriormente.

ARROZ DE VIÚVA

Dizem vários escritores baianos que esse arroz é perigoso: quem come dele fica encantado... É feitiço de africana, que pega mesmo, como dizem os babalaôs. Os ingredientes são os seguintes:
- Um litro de leite de coco ralo (diluído em água).
- Meia xícara de chá de arroz cru.
- Sal.

Coloque o leite de coco e o arroz em uma panela; acrescente sal a gosto. Leve ao fogo forte até levantar fervura; então, diminua a chama e tampe a panela. Quando o arroz começar a secar, abra a tampa da panela, diga o nome do seu amado e tampe novamente; agora, deixe o arroz terminar de cozinhar normalmente e sirva-o somente para o homem a quem deseja encantar...

AMARRAÇÃO COM FRUTAS DA IDADE MÉDIA

As oferendas de alimento para os espíritos e deuses eram comuns na Idade Média. Para fazer essa magia, ensinada pela Bruxa Salamandra, você precisará dos seguintes ingredientes:
- Uma maçã (para prender um homem) ou um cacho de uvas (para uma mulher).
- Uma noz.
- Uma ameixa.
- Uma pêra.
- Uma cabeça de alho.

- Uma cebola.
- Um pé de aipo.
- Um punhado de sal.
- Um prato de barro.
- Uma vela branca comum.
- Fósforos.
- Algumas rosas brancas de jardim (não de floricultura).
- Dois litros de água.
- Uma panela.
- Um recipiente limpo para a água do banho.
- Um coador.

Em uma manhã de sábado, dentro do período da lua cheia, coloque na panela a água e as rosas. Leve ao fogo até ferver. Deixe esfriar, coe para o recipiente limpo e, depois de tomar um banho de higiene comum, despeje a água de rosas em todo o corpo, mentalizando seu desejo. Vista roupas limpas, leves e soltas, para ficar bem à vontade ao arriar o trabalho.

A seguir, leve todo o resto do material para um lugar bem tranqüilo, no mato. Ao meio-dia em ponto, arrume todos os alimentos no prato e coloque-o junto a uma árvore frondosa, acendendo a vela ao lado. Ofereça aos magos medievais, elevando seu pensamento para a idéia de que se faça a união entre você e a pessoa amada.

FEITIÇO DE AMOR DA SALAMANDRA

Utilize a sabedoria da feiticeira da Idade Média para amarrar seu amor. O material necessário é o seguinte:

- Um prato de barro.
- Uma maçã (para prender um homem) ou um cacho de uvas (para uma mulher).
- Um copo de vinho.
- Uma vela branca comum.
- Fósforos.

Esse trabalho deve ser arriado na mata ou em um jardim.

Coloque a maçã no prato, depositando-o junto a uma árvore ou planta florida. Regue a fruta com o vinho, invocando o anjo-da-guarda da pessoa amada. Acenda a vela ao lado do prato, oferecendo ao espírito das bruxas antigas.

BANHO FORTE DE AMARRAÇÃO

Esse banho mágico, ensinado pela Salamandra, tem uma receita muito simples. Para obter as flores, você deverá cultivar uma muda de amor-perfeito. Essa planta pode ser encontrada em quiosques e lojas que vendem plantas ornamentais; procure o amor-perfeito europeu (o tradicional), não o amor-perfeito-do-pará. Os ingredientes são os seguintes:

- Dois litros de água quente.
- Sete flores de amor-perfeito (de qualquer cor).

Coloque as flores dentro da água. Tome o banho bem quentinho, pensando no seu amor e no que deseja que ele diga ou faça... Fácil, não é?

AMULETO ORIENTAL PARA O AMOR

Com esse amuleto, você conseguirá atrair para você aquela pessoa por quem seu coração se encantou. O material necessário é o seguinte:

- Uma pedra azul pequena.
- Um pedaço de papel branco.
- Lápis ou caneta.
- Um pedacinho de raiz de lótus (comprada em casas de produtos naturais e orientais).
- Um saquinho de couro fechado com uma tira ou fita.

Escreva no papel o nome do seu amor. Coloque dentro do saquinho, junto com a pedra e a raiz. Feche a boca do saco e use-o escondido junto ao corpo.

AMULETO DE AMARRAÇÃO

Para que a pessoa amada fique louquinha por você e não rejeite suas propostas, use uma pulseira feita de conchas ou de sementes de lágrima-de-nossa-senhora. Essa pulseira pode ser encontrada pronta em lojas de bijuterias ou de artigos religiosos; ou, se preferir, você pode comprar o material para fazê-la pessoalmente. Antes de ser usada, ela deverá ser consagrada por um feiticeiro para servir ao amor.

AROMA DAS FEITICEIRAS DA IRLANDA

Esse perfume é considerado muito eficaz para prender um amor para sempre. Os ingredientes usados são:

- Um vidrinho de óleo de alfafa.
- 10 gotas de essência de maçã.
- 10 gotas de essência de jasmim.

Misture tudo e deixe descansar por alguns dias antes de usar.

AROMA DOS BRUXOS

Esse perfume é uma antiga fórmula dada aos homens desejosos de conquistar uma mulher. Os ingredientes são os seguintes:

- Um vidrinho de óleo de alfafa.
- 10 gotas de essência de verbena.
- 10 gotas de essência de laranja amarga.

Misture tudo e deixe descansar por alguns dias antes de usar.

BOMBOM DO AMOR, UM FEITIÇO DOCE

Experimente esse feitiço de amarração, que é fácil e certeiro. Você vai precisar somente de um bombom, do sabor que seu amor mais goste.

Deixe que a Lua esteja grande no céu: Lua cheia é tempo de feiticeiro. Então, desembrulhe o bombom e passe-o pelo seu corpo. Não é necessário esfregar o bombom na pele: passe-o apenas perto do corpo, na intenção de atrair a pessoa amada.

Enquanto faz isso, vá chamando o nome dessa pessoa e faça seu pedido. Embrulhe novamente o bombom e, no dia seguinte, dê para seu amor. Enquanto ele(a) o come, vá repetindo seus pedidos. Mas não coma em hipótese alguma esse bombom, senão o feitiço se vira contra o feiticeiro e quem ficará amarrado(a) será você.

AMARRAÇÃO COM FRUTAS

As frutas são poderosos instrumentos de amarração. Basta lembrar o que ocorreu no paraíso, onde, como conta a tradição, tudo começou com uma maçã...

Na Lei do Santo, da umbanda, as frutas usadas nos feitiços para prender homens são a maçã e a manga-rosa. Para prender mulheres, as frutas são a uva e a banana. Também podem ser usados, para fazer pedidos a Logunedé ou Oxumaré, a laranja e o melão.

Aprenda agora a fazer esse feitiço simples e poderoso. O material necessário é o seguinte:

- Uma das frutas citadas acima, escolhida de acordo com sua necessidade.
- Uma faca nova.

Faça sete cortes na fruta. Retire um pedacinho e ofereça para os "erês" (santinhos, crianças). Dê o restante da fruta para seu amado, e tenha-o manso e amigo como um dia, lá nas terras de Aruanda, ficou Ogum, o deus da guerra, ao comer a manga-rosa de Iansã, a deusa dos relâmpagos e dos trovões. E tão apaixonado ficou, que nem respeitou seu irmão Xangô, também enleado na magia de sua mulher, a ardilosa Iansã das ventanias do céu...

PONHA LENHA NA FOGUEIRA

Nada mais gostoso que ficar com seu amor, trocando abraços e carinhos. O mais difícil é parar, de tão bom que é! Se vocês estão bem sintonizados, cada um passa o dia inteiro pensando no momento em que os dois vão se encontrar...

Já se foi o tempo em que a intimidade era guardada para depois do casamento, em que as moças solteiras deviam ser obrigatoriamente inocentes e os rapazes e homens eram obrigados a recorrer a carinhos profissionais. Hoje as pessoas, desde a adolescência, sentem-se mais donas do próprio corpo e não deixam que tabus ou preconceitos prejudiquem seu amadurecimento pessoal. Em compensação, muitos jovens já descobriram que o sexo com amor é muito melhor, e que vale a pena para um casal de namorados experimentar a intimidade crescente juntos.

Não é verdade que o sexo é mais importante para os homens que para as mulheres. O que acontece é que os garotos são criados para reprimirem os sentimentos e serem "machões"; por isso, rapazes e homens não aprendem a lidar com as emoções e medem sua vida sexual apenas pela quantidade de desempenho físico. Já as mulheres, embora sejam muito capazes de expressar suas emoções, foram criadas, durante muitos séculos, para reprimirem seus impulsos sexuais; por isso, ficaram com o rótulo de românticas e fantasistas. Mas hoje elas estão cada vez mais conscientes de seus desejos e partem para a luta em busca do prazer. Isso assusta muitos homens que ainda não aprenderam a lidar com uma mulher que não pode receber nem o rótulo de 'rainha do lar', nem o de 'mulher da vida'; e esses homens podem fugir ou tratar toda mulher com grosseria.

Mas a culpa da confusão não é só dos homens. As mulheres também ainda estão aprendendo a lidar com seus novos papéis e muitas vezes ficam em uma de duas alternativas extremas: ou se comportam como bonecas sedutoras, as "bonitas-burras", que excitam num primeiro momento mas não são atraentes como companheiras; ou continuam com o velho jogo da guerra dos sexos, embora invertendo os papéis e tornando-se mandonas e assustadoras nas horas em que homens e mulheres devem ser mais ternos.

Você já deve estar percebendo o que é bom ou não fazer quando se trata de esquentar seu namoro. O sinal é verde para o respeito mútuo; você deve procurar conhecer realmente seu amor, deve dar atenção às suas idéias, a seus sentimentos e necessidades; e deve exigir o mesmo para si, não se deixando tratar como um objeto. Seguindo essa regrinha simples, tudo correrá bem, pois a intimidade crescerá entre pessoas que se amam e se desejam, mas que se respeitam o suficiente para que cada uma aceite a velocidade e a maneira com que a outra quer pecorrer esse caminho. O sinal também fica verde quando vocês se protegem para evitar uma gravidez indesejável ou uma doença imprevista: pensar antes de fazer é o melhor modo de garantir que vocês poderão sentir sempre o mesmo prazer.

O sinal é vermelho para o comportamento grosseiro, que ignora os sentimentos do outro e o faz sentir-se violentado; é vermelho para a irresponsabilidade e também para a aceitação de preconceitos e repressões que tornarão sua vida afetiva incompleta, seja dificultando a experiência do prazer, seja impedindo a expansão das emoções. O sinal também é vermelho para a vulgaridade, o exagero e o comportamento artificial, programado, que podem ser provocantes, mas não são sedutores nem sensuais entre pessoas que se amam.

Se você já é uma pessoa séria e responsável, que está muito apaixonada e deseja chegar mais perto do amor que conquistou, então use e abuse das táticas do jogo da sedução. Vá ao encontro do seu amor com um visual bem cuidado; use seu perfume de atração preferido; escolha um programa que favoreça a intimidade e que seja do gosto dos dois. Recorra também aos segredos mágicos, aos amuletos e feitiços de amarração.

Se o encontro for na sua casa, capriche na produção: escolha bem as cores para a arrumação do ambiente; coloque no ar um aroma sedutor; e prepare uma comidinha gostosa e excitante. Mas não abuse: toques discretos, sugestões sutis são mais eficientes que uma produção exagerada, que poderá assustar e afugentar seu amor.

Tudo pronto? Então é só colocar uma música suave, diminuir a luz e esperar; e, quando seu amor chegar, ponha em campo todos os recursos que já aprendeu e os que aprenderá agora...

ALIMENTOS PARA O AMOR

Dizem os professores de medicina natural que usar mel em vez de açúcar, alimentos naturais, arroz integral, berinjelas, lentilhas ou grão-de-bico e pouca ou nenhuma carne tende a deixar-nos mais fantasiosos e alegres para o amor. Mas, acima de tudo, para a plena e gostosa realização no amor, o que mais funciona é soltar as asas da imaginação, deixar de lado os tabus e entregar-se por inteiro ao parceiro, como um rio ou uma fonte, intensamente, como a luz do Sol.

SEGREDO DE AMARRAÇÃO NO VATAPÁ

Homem se prende pelo estômago, e não pelo coração, dizem maliciosamente algumas mulheres.

Realmente, quem é que, depois de uma briguinha ou de um afastamento, não faz um jantar gostoso, cheio de sabores estranhos, para receber o amado? E qual é a mulher que não se encanta quando seu amado providencia petiscos saborosos para um encontro romântico? Ou pela manhã, depois de uma noite de amor, quantas vezes não nos esmeramos ao servir o café, com uma bela toalha branca, bules fumegantes de chocolate e leite, pão torrado, cuscuz e mel? Pois não é com açúcar que se apanham moscas? Não é pelo cheiro bom da comida que o tigre cai irremediavelmente na armadilha?

Pois bem, há também uma forte magia no sabor das comidas de santo, no ouro do dendê, no ardor da pimenta, no doce do leite de coco. Segundo as lendas africanas, no começo dos tempos, Xangô foi fisgado pelos quitutes de Oxum. Da mesma forma, com os segredos dos terreiros e das mãos dengosas das baianas, você aprenderá a amarrar, bem preso, o seu amor, e a afastar tudo que possa atrapalhar sua felicidade. E esses feitiços não são exclusivos das mulheres: qualquer homem que saiba cozinhar poderá prepará-los para conquistar sua amada.

Pimenta, dendê e camarão são a base das comidas de santo. Mas há nelas um sabor especial de pecado que vem do amendoim. O amendoim sempre foi apontado como um alimento que dá potência, "que levanta um morto"; é claro, portanto, que, em uma receita para amarração, ele tem de entrar.

O amendoim e a castanha são condimentos baianos cheios de histórias e de lendas, que dão sabor ao prato mais falado da culinária baiana: o vatapá. Para fazer um feitiço de amarração com o vatapá, você precisará do seguinte material:

- Uma pemba branca (giz ritualístico que pode ser comprado em lojas de artigos religiosos).
- Uma porção de peixe fresco (lembre-se de que você vai preparar o prato somente para uma pessoa, o seu amado; por isso, use apenas cerca de 200g de peixe).
- Uma porção de camarão fresco (cerca de 100g).
- Um punhado de amendoim torrado.
- Um punhado de castanha-de-caju torrada.
- Um punhado de camarão seco.

- Pimenta-malagueta socada.
- Pimenta-do-reino em pó.
- Cebola picada.
- Alho picado.
- Cheiro-verde picado.
- Coentro picado.
- Gengibre ralado.
- Suco de um limão.
- Sal.
- Azeite-de-dendê.
- Leite de coco.
- Um pãozinho dormido.
- Uma tigela de barro ou louça para servir à mesa.

Limpe o peixe, corte em pedaços grandes e tempere com sal, alho e suco de limão. Enquanto o peixe fica descansando no tempero, prepare os outros ingredientes. Lave o camarão seco; moa-o com parte da cebola e do gengibre, o amendoim e a castanha; separe. Molhe o pãozinho, esprema, desmanche-o e reserve.

Leve a panela ao fogo com a pimenta, o cheiro-verde, o coentro, o resto da cebola e do gengibre. Arrume por cima os pedaços de peixe com seu tempero; junte o leite de coco e deixe cozinhar. Quando o peixe estiver pronto, junte os camarões frescos e deixe ferver mais um pouco. Junte os ingredientes ralados. Prove e, se for preciso, acrescente sal. Junte o pão desmanchado e dendê a gosto, mexendo com cuidado para não desmanchar o peixe.

Com a pemba, escreva no fundo da tigela (pelo lado de fora) o nome da pessoa que deseja amarrar; mas tome cuidado: ela não pode perceber o que você está fazendo. Coloque o vatapá nessa tigela, leve-a imediatamente para a mesa e sirva com muito carinho, sem que seu amor veja o escrito na tigela. Depois é só esperar... Em sete dias ele virá doidinho, querendo seu amor.

PERFUMES DO ORIENTE

Os velhos tratados de amor orientais contêm fórmulas de perfumes que despertam o desejo e aumentam a sensualidade. Uma dessas receitas usa os seguintes ingredientes:

- Uma pitada de raiz de lótus em pó.
- Uma colherinha de sementes de papoula.
- As pétalas de uma rosa amarela.
- Uma pitada de sândalo em pó.
- Um vidrinho de óleo de amêndoas.

Deixe as ervas curtindo no óleo por uma semana. Coe e guarde o óleo em um frasco limpo e tampado (pode ser o próprio vidro em que você comprou o óleo puro). Passe-o no corpo antes de seus encontros amorosos.

SEGREDO DE AMOR DE OGUM

O orixá da guerra, o cavaleiro das estradas, é ardente e fogoso como nenhum outro. Se você é mulher e deseja que seu amado fique igual a ele, faça esse feitiço. Se você é homem e tem um encontro marcado com sua amada, faça essa oferenda ao orixá, junto com seu pedido para que tudo dê certo entre vocês. O material é o seguinte:

- Uma vela vermelha.
- Um pedaço de fita vermelha.
- Um pedaço de papel vermelho.
- Lápis ou caneta.
- Um vidrinho de mel.
- Um vidrinho de azeite-de-dendê.
- Fósforos.

Se você frequenta um terreiro, faça essa oferenda junto ao assentamento de Ogum. Em caso contrário, entregue-a em um local de mato ou em uma estrada.

Escreva o nome de seu amor no papel. Amarre-o na vela com a fita. Acenda a vela e despeje bastante mel e dendê em torno dela, fazendo seu pedido.

SEGREDO DE IEMANJÁ

Para a maioria das pessoas que já experimentaram as magias do amor, a mais perfeita é essa que vem com a marca dos deuses da Nigéria. É o segredo da dona das águas, de Iemanjá, esposa de Oxalá, a senhora das ondas do mar. O material é o seguinte:

- Uma pedra do mar, bem lisa e clara.
- Um vidrinho de perfume de alfazema.

Banhe a pedra na alfazema, pedindo a proteção de Janaína. Use essa pedra junto de si sempre nas horas do amor; as mães-de-santo costumam escondê-la debaixo do travesseiro.

AS CORES VIVAS DO DESEJO

Os jovens sempre gostaram de cores alegres, e às vezes até pintam os cabelos com cores berrantes, como o vermelho, magenta ou verde. E eles têm razão. Segundo os magos do Egito e da Índia, as cores e as luzes podem melhorar o desempenho sexual. E o mais importante, podem fazer com que nosso parceiro nos ame muito mais.

Acender uma luz colorida pode fazer verdadeiros milagres quando seu amor anda meio distante: é a magia das cores. Para realizá-la, use lâmpadas e flores coloridas no lugar onde vocês devem se encontrar. Escolha a cor de acordo com o efeito que deseja despertar em vocês.

A cor mais forte é o vermelho: associada à paixão, ajuda a aquecer a relação. Se estiver querendo ir longe no relacionamento, use-a até na lingerie e no batom. Mas a magia se realiza se você, na hora do encontro, acender uma luz vermelha no abajur e colocar uma música gostosa no ambiente. Entretanto, evite usar lençóis vermelhos: eles podem provocar insônia quando são usados com freqüência.

Se desejar um clima sensual mas terno, sem ser quente demais, use o cor-de-rosa, que é a cor do amor. Se quiser melhorar a comunicação entre vocês, e criar um ambiente caloroso, use o pêssego ou âmbar bem suave. Evite o verde, o azul e o violeta, que são calmantes e irão esfriar o ambiente.

AMULETO PARA O AMOR

Uma figa vermelha ou de ouro, levada ocultamente por um homem, evita a impotência e faz com que quem a usa esteja sempre apto para o amor. Para a mulher, o mesmo amuleto faz com que o seu amado seja carinhoso.

PERFUME CIGANO PARA AMORES ARDENTES

A Cigana Madalena, que trabalha no Templo de Magia Cigana, usa a seguinte receita:
- 10 gotas de essência de patchuli.
- 6 gotas de essência de jasmim.
- 6 gotas de essência de violeta.
- 12 gotas de essência de almíscar.

Providencie todos os ingredientes dados na receita que você já aprendeu. Prepare o perfume e deixe descansar por uma semana. Use-o em noites de Lua nova.

PERFUME AFRODISÍACO CIGANO

Para os ciganos, certos aromas funcionam como afrodisíacos. Dentre eles o mais forte é o almíscar, muito em uso hoje em dia; mas existem muitos outros. Uma receita que pode ser feita em casa é a água de verbena. O material é o seguinte:
- Um vidro de água de rosas.
- Um punhado de folhas frescas de verbena.

Coloque as folhas de molho na água de rosas. Deixe descansar em vidro bem tampado por duas semanas. Coe e guarde para usar como perfume quando tiver um encontro de amor.

PERFUME DE ATRAÇÃO PARA O AMBIENTE

Esse perfume serve para cruzar a casa (derramar um pouco em cada canto de cada cômodo da casa). São usados os seguintes ingredientes:

- 250ml de álcool.
- Um punhado pequeno de sementes de papoula.
- Um punhado de pétalas de rosas.
- Um punhado pequeno de resina de benjoim.
- Um pouco de pó de pemba vermelha ralada.

Misture todos os ingredientes. Deixe repousar um pouco, para que o álcool fique perfumado. Coe e utilize. Como esse perfume é feito para uso imediato, não precisa levar o fixador.

BANHO DE AMOR

Essa receita é guardada há muito tempo nos terreiros de Salvador. Os ingredientes são os seguintes:

- Essência de jasmim.
- Um ramo de erva-cidreira.
- Essência de pinheiro.
- Essência de raízes indianas.
- Água morna.

A água deve ser preparada na quantidade suficiente para um banho de imersão em um recipiente adequado que você tenha em casa (que pode ser uma banheira grande ou uma simples tina); esse banho nunca é jogado sobre o corpo. Misture os produtos aromáticos à água e tome um banho rápido de imersão.

Esse banho não produzirá bons resultados se você tiver alergia a algum dos produtos usados ou se tiver quizila de santo (se alguma das essências não for do agrado do seu orixá). Nesses casos, não faça o feitiço.

PERFUME DE ATRAÇÃO

Experimente essa receita cigana para esquentar suas noites de amor. Os ingredientes são os seguintes:

- Essência de sândalo.
- Essência de almíscar.
- Essência de âmbar.
- Álcool de cereais.
- Fixador.

Para as quantidades da receita que você aprendeu anteriormente, use 10ml de cada essência. Durante a lua crescente, deixe o álcool no sereno por uma noite inteira. No dia seguinte, misture todos os ingredientes conforme a receita.

OS ESPINHOS DA ROSEIRA

A pessoa apaixonada vê o mundo através de lentes cor-de-rosa: desde que consegue a atenção do seu amor, para ela só existem romance, paz e felicidade. Mas muito em breve ela descobre que nem tudo são flores nesse jardim encantado; existem espinhos que podem ferir bem fundo e deixar cicatrizes incuráveis.

É certo que cada pessoa tem seu modo de percorrer os caminhos da paixão. Estes, desde que bem trilhados, podem levar à maior das felicidades, que é o momento em que dois seres apaixonados se completam numa infinita e bela união de corpo e alma. Mas há coisas que podem atrapalhar o amor, como a desconfiança, o ciúme, a intriga e a traição. Tudo isso pode destruir um romance e afastar duas pessoas que se amam de verdade.

Se você desconfia de seu amor, se sente ciúmes dele, é bom que comece por descobrir em quem está o problema. Responda com toda franqueza: você já teve alguma indicação concreta de traição? Já percebeu seu amor demonstrando claramente interesse por outra pessoa? Ou é você quem fica imaginando coisas a partir de olhares casuais, contatos de trabalho ou encontros com amigos? Seu amor evita que você o veja em certos lugares, arranja pretextos esfarrapados para não fazer programas com você? Ou é você quem vive aparecendo de surpresa nos lugares onde ele deve estar, mesmo que isso possa criar-lhe problemas? Ele é arisco, ou você é quem gostaria de ser o centro do mundo para ele, de controlar sua vida totalmente?

Se seu ciúme se alimenta de suspeitas infundadas, cuidado: isto é sinal de insegurança e possessividade. Lembre-se de que ninguém é dono de ninguém; pessoas não são objetos que alguém possa manipular à vontade. Uma união só dá certo quando é baseada em liberdade e respeito. Por isso, se você deseja ser feliz ao lado de quem ama, é importante cultivar um clima de confiança e entendimento mútuo. Para começar, é indispensável que você se valorize e confie mais em si mesmo: se você pensar que não merece um amor verdadeiro, que ninguém pode apreciar ou respeitar você, é isso mesmo que encontrará, pois irá inconscientemente procurar e escolher pessoas que não amam nem respeitam os outros. Releia os capítulos anteriores e verifique se há mais alguma coisa que você possa fazer para melhorar sua autoestima; e faça isso com fé!

Você também precisa aprender a confiar nos outros. Respeite o espaço do seu parceiro, deixe que se movimente livremente no colégio ou no trabalho, deixe que saia com os amigos. Não exija que seu amor se prive de um compromisso social porque você não pode ou não quer acompanhá-lo. E auxilie seus esforços com as simpatias que encontrará mais adiante, boas para afastar os sentimentos ruins.

Se o seu amor realmente anda lhe traindo, ou se ele é quem lhe atormenta com ciúmes sem razão, procure avaliar a relação de vocês: existe realmente amor, ou somente uma atração passageira? Essa pessoa realmente corresponde aos seus ideais, ou você tem uma visão falsa dela e tenta transformá-la sem ter esse direito? Enfim, vale a pena investir nessa relação, ou é melhor deixar que essa pessoa siga seu caminho?

Pense muito bem nisso e responda sinceramente a essas questões, porque as amarrações de amor são muito fortes e só devem ser feitas se você tiver plena certeza de que essa pessoa é o amor da sua vida. Já pensou se você está se enganando agora e, teimando em amarrar essa pessoa por meios mágicos, corre o risco de trazer para junto de si uma pessoa que não ama, tornando os dois infelizes?

Mas às vezes o problema não está nem em você, nem no seu amor. É muito comum que um amigo ou uma amiga intrigante, com inveja de sua felicidade, conte coisas que ouviu de outra pessoa a respeito de seu amor, sejam vocês namorados ou casados. E não pense que está livre disso: isso ocorre tanto entre mulheres quanto entre homens, em qualquer meio social. E como quem conta um conto aumenta um ponto, às vezes uma simples cortesia obrigatória entre conhecidos ou colegas pode chegar ao seu conhecimento com as cores dramáticas de uma franca traição. Se você der ouvidos a esse tipo de pessoa, viverá mergulhado em incerteza e irritação; por isso, é melhor tomar alguma medida para afastar os intrigantes da sua vida.

O mesmo cuidado vale em relação a pessoas importunas que possam querer assediar seu amor, tentando roubá-lo de você: proteja seu romance, cercando-o com barreiras fortes contra rivais e inimigos que sentiriam prazer em ver sua felicidade destruída.

Cultive seu romance com carinho. O amor é uma planta delicada que só floresce em terreno fértil e em clima ameno. Se você ou seu amor têm "pavio curto", procure reeducar-se para acabar com as brigas sem motivo. Um relacionamento amoroso não é uma guerra em que cada adversário luta para assumir o poder; ao contrário, é feito de compreensão e entendimento. Evite irritar-se por pequenas coisas. Torne o ambiente em que vocês vivem ou se encontram mais tranqüilo, aconchegante e sensual, usando as cores e os aromas adequados, que você está aprendendo neste livro. E, se for o caso, faça uma simpatia para acalmar o(a) briguento(a)!

SIMPATIA PARA AMANSAR A PESSOA AMADA

Se a pessoa que você ama anda muito agitada, querendo mandar em você, há uma simpatia que pode torná-la mais calma. O material necessário é o seguinte:

- Uma fotografia pequena da pessoa amada.
- Esparadrapo ou fita adesiva.

Usando a fita adesiva, prenda a foto na planta do seu pé, com a imagem voltada para a parte de baixo (para o chão). Faça isso logo de manhã cedo. Ande o dia inteiro com a foto presa no pé e durma com ela no mesmo lugar. Ao acordar no dia seguinte, pise firmemente três vezes e diga:

"– *Fulano(a), eu vou dominá-lo(a). Você vai ficar manso(a) como um cordeirinho. Vai ficar manso(a) como eu quero. Não vai mais ficar bravo(a) comigo.*"

Calce o sapato e use a foto presa no mesmo lugar por mais um dia inteiro. À noite, tire a foto do pé. Se ela estiver ainda em boas condições, você pode guardá-la, mas em um local escondido, de modo que ninguém a veja, para não quebrar o feitiço. Se ela estiver estragada, ou se você não quiser guardá-la, despache-a no mato. Logo você perceberá que a pessoa ficará bem mais calma.

FEITIÇO DA SALAMANDRA PARA ACABAR COM AS BRIGAS ENTRE MARIDO E MULHER

Para quem já é casado, mas sente que sua união não vai bem, pois o casal vive brigando, essa simpatia pode ajudar a harmonizar o ambiente. O material necessário é o seguinte:

- Dois metros de uma fita fina nova (de uma cor à sua escolha, desde que não seja preta).
- Tesoura.

Quando seu (sua) parceiro(a) estiver dormindo, estenda a fita ao seu lado e meça com ela sua altura, dizendo enquanto isso:

"– *Adormeça, adormeça, que eu te meço dos pés à cabeça.*"

Corte a fita no tamanho medido. Dê um nó em uma das pontas. Em seguida, dê mais seis nós ao longo da fita, mentalizando seu desejo. Amarre-a numa imagem de Santo Antônio. Quando as brigas acabarem, solte a fita e despache-a, ou guarde em um lugar escondido, como lembrança.

SIMPATIA CIGANA PARA AFASTAR O CIÚME

As dúvidas, os ciúmes e a insegurança só servem para prejudicar a relação entre dois amantes e afastar um dos braços do outro. Para garantir uma felicidade perfeita, em primeiro lugar confie em si mesmo e na pessoa que ama. E recorra às receitas mágicas populares, que em geral dão certo. Faça sua magia e preserve o amor que estava escrito nas estrelas e lhe foi dado pelos bons gênios.

Essa simpatia, fácil e certeira, é feita pelos jovens ciganos quando amam e sentem ciúmes. O material é o seguinte:

- Uma garrafa de água mineral.
- Um limão.
- Uma faca.

Abra a garrafa. Corte o limão. Pingue uma gota de suco do limão na água, dizendo:

"– A primeira gota é azeda como o ciúme."

Pingue outra gota de limão na água, dizendo:

"– A segunda gota é azeda como o desamor."

Pingue mais uma gota, dizendo:

"– A terceira gota é azeda como a dor."

A seguir, segurando a garrafa, diga:

"– Não deixarei que esse sabor estrague o doce da minha água. A água é a vida e o doce é o amor. Assim terei uma felicidade sem medos."

Em seguida, despeje a água no solo (fora de casa) ou em água corrente (por exemplo, na pia, com a torneira aberta).

SIMPATIA DA SALAMANDRA PARA A HARMONIA TOTAL

Se você é ciumenta(o) e vive arranjando brigas sem motivo com seu(sua) namorado(a), tome semanalmente um banho mágico preparado com os seguintes ingredientes:

- Dois litros de água.
- Sete pedaços de canela.
- 200g de pétalas de rosas brancas, frescas.

Coloque tudo em uma panela tampada e deixe em fogo brando por 15 minutos. Deixe esfriar, coe e despeje no corpo do pescoço para baixo, pensando que as brigas acabaram.

SIMPATIA CONTRA FOFOCAS

A Virgem da Alegria, cultuada na Espanha, é muito amada pelo ciganos calons (ibéricos). Sua oração é uma reza forte dos nômades que fazem do amor a base da sua vida. Mas, pensando bem, não apenas os jovens ciganos o fazem, e sim todos os jovens, no instante maravilhoso da descoberta do amor, do primeiro beijo, das primeiras palavras ternas ditas ao ouvido no primeiro encontro do jovem par. Porque o amor é igual para todos os adolescentes, forte, encantador, um novo mundo; e deve ser preservado dos males que possam vir de corações invejosos.

Para evitar que seu romance seja alvo de intrigas, faça essa simpatia e tudo passará. O material necessário é o seguinte:

- Um pedaço de papel branco virgem.
- Lápis ou caneta.

Escreva no papel, sete vezes, o seu nome e o de seu namorado (ou namorada). Em seguida, segurando esse papel, diga:

"– Os anjos bons trarão harmonia. Os ventos suaves trarão boas conversas. A luz do sol trará luz ao nosso amor. Com fé na Virgem da Alegria teremos felicidade vibrações positivas e muito carinho. Que assim seja."

CORES PARA A PAZ

Quando você brigar com seu(sua) namorado(a) e quiser conversar com ele(a) para fazer as pazes, use uma lâmpada azul calmante no ambiente. Uma roupa azul-clara também ajuda muito; e um jantar à luz de velas azuis será o máximo.

Se o relacionamento estiver um pouco frio e tenso por causa de brigas, use o rosa, que é a cor universal do amor e do romance. Uma vela rosa no ambiente é ótima para criar um clima de ternura. Acenda duas velas cor-de-rosa, uma para o anjo-da-guarda de seu amor e outra para o seu próprio, antes dele chegar; e reze para que tudo dê certo entre vocês. Coloque rosas e um cristal cor-de-rosa no lugar onde costumam conversar; isso trará um final feliz ao encontro.

FEITIÇO PARA AFASTAR ALGUÉM QUE ESTEJA NO SEU CAMINHO

Esse feitiço é muito fácil de fazer; mas é um fuxico de candomblé... coisa séria. Ele é feito com as pimentas, brilhantes e saborosas, belas e gostosas de se ver. O material é o seguinte:

- Uma pimenta-malagueta vermelha.
- Uma pimenta dedo-de-moça vermelha.
- Uma pimenta atarê.
- Uma pimenta cumari.
- Três pimentas verdes.
- Um pedaço de papel branco.
- Lápis ou caneta.
- Um pedaço de pano branco.
- Linha branca.

Escreva no papel o nome da pessoa que está atrapalhando seu amor. Coloque-o sobre o pano, junto com todas as pimentas. Junte as bordas do pano, formando uma trouxinha ou um saquinho, e amarre bem com a linha. Guarde em um lugar escondido, na sua casa. Seu (sua) rival vai ficar "danado(a)", mas não conseguirá mais atrapalhar sua vida...

TEM GENTE DE OLHO EM VOCÊ? FAÇA FIGA

O melhor amuleto para proteger seu romance contra todos que possam desejar destruí-lo é a figa, especialmente se você achar uma. Pendurada no pescoço ou presa na roupa, ela afasta o olho-grande e o mau-olhado. Escolha a que mais serve à sua necessidade: a figa azul acaba com os ciúmes; a de prata corta as demandas, assim como a de aço; a de azeviche é protetora. Se sua figa se rachar, isso indica que um feitiço foi enviado contra vocês e ela o absorveu e anulou. Se você perder sua figa, não tente encontrá-la novamente: ela levou consigo algum feitiço que havia sido enviado contra você e, se for recuperada, ela trará de volta todo esse mal.

FEITIÇO DE ADRAMELECH PARA PUNIR UMA PESSOA TRAIDORA

Adramelech era um demônio poderoso, a quem os feiticeiros assírios recorriam quando desejavam punir alguém por meios mágicos. Vem deles esse feitiço. O material necessário é o seguinte:

- Uma rosa vermelha.
- Um pedaço de papel fino.
- Um lápis vermelho.
- Um potinho de tamanho adequado para conter a rosa.
- Um almofariz (pilão).

Para começar, você deve fazer uma adivinhação para saber se o feitiço vai dar certo se for feito no dia que você escolheu. Neste caso é recomendada a aeromancia, que é a adivinhação pelas nuvens. Olhe para as nuvens e observe as formas com que elas se apresentam. Se forem figuras de coisas boas, como corações, anjos, pássaros e flores, por exemplo, a operação mágica será bem-sucedida. Se forem figuras de coisas más, como feras, armas ou pessoas mal-encaradas, é melhor deixar para fazer o feitiço em um outro dia, consultando sempre as nuvens até encontrar um momento favorável.

Agora, vamos fazer o feitiço. Em uma sexta-feira, corte um pedaço pequeno do papel e escreva nele, com o lápis vermelho, o nome da pessoa que lhe traiu. Coloque esse papel dentro do potinho, junto com a rosa, e deixe em um lugar reservado até que a flor seque. Então, ponha a rosa e o papel dentro do almofariz e soque-os com o pilão até reduzi-los a pó. Embrulhe esse pó em outro pedaço de papel e coloque embaixo de uma pedra grande, longe de sua casa.

Agora é só deixar o tempo passar, que o traidor será punido. Não procure fazer mais nada além do feitiço. Mesmo que sofra alguma tentação, não faça tratos com o demônio em troca de seus serviços, pois isso é muito perigoso e nunca dá bons resultados.

FEITIÇO DA BRUXA JOANA PARA PUNIR TRAIDORES

A bruxa Joana Belloc, que viveu na França no século XVI, teve muitos de seus feitiços preservados nos registros dos interrogatórios a que foi submetida pela Inquisição. Esse feitiço foi adaptado para os recursos de que dispomos hoje. O material necessário é o seguinte:

- Um pedaço de papel.
- Lápis ou caneta.
- Um ramo de espinheira-santa.
- Barbante.
- Fósforos.

Antes de fazer o feitiço, você deve localizar uma árvore cujo nome seja feminino, como bananeira, mangueira, laranjeira, goiabeira etc. Tome a medida aproximada da circunferência do seu tronco e corte um pedaço de barbante suficiente para ser amarrado em volta da árvore.

Em um dia de lua minguante, escreva o nome da pessoa traidora no papel. Amarre esse papel no tronco da árvore e bata nele com o galho de espinheira-santa, fazendo seu pedido. A seguir, retire papel e barbante da árvore, queime-os junto com a espinheira-santa e espalhe as cinzas ao vento.

FEITIÇO DE RETORNO

O choque de retorno é um trabalho mágico que faz com que o traidor sofra o mesmo mal que causou. Para fazer esse feitiço, você precisará do seguinte material:

- Sete pedaços de carvão vegetal.
- Sete agulhas virgens.
- Um pedaço de papel.
- Lápis ou caneta.
- Um caldeirãozinho com água.

Escreva no papel o nome da pessoa que lhe traiu. Coloque esse papel, junto com as agulhas e os carvões, dentro do caldeirão com água e ponha para ferver. Enquanto estiver saindo vapor, faça seu pedido junto ao fogo. Quando a água estiver praticamente seca, retire o caldeirão do fogo e despache tudo longe de casa.

FELIZES PARA SEMPRE...

Parabéns! Você está quase chegando lá! Tornando-se mais atraente, conquistou a pessoa que ama; usando seus segredos mágicos, amarrou-a com firmeza. Mas seu amor ainda não criou coragem para assumir um compromisso definitivo? Não se espante, isso é muito comum. Existem pessoas – homens e mulheres – que não têm disposição para criar vínculos permanentes, embora possam gostar sinceramente de alguém. Esse é o comportamento mais comum entre os adolescentes, que ainda estão na fase de experimentar as muitas possibilidades da vida; mas também ocorre entre adultos mais maduros. Quem entende esses solitários?

Se o seu amor é assim, você tem três caminhos possíveis. Se este também for seu estilo, ou se gosta tanto dessa pessoa que acha que vale a pena sacrificar por ela seu desejo de uma união estável, você pode aceitar a aventura e manter o romance, na base de "cada um em seu lugar." Tudo bem, o essencial é que o amor exista e que ninguém esteja criando falsas expectativas para o outro.

Mas, se você faz questão de cultivar um relacionamento que inclua intimidade e construção de uma vida em comum, talvez seja melhor mudar de rumo, tirar o aventureiro da cabeça e procurar alguém mais de acordo com seu projeto de vida.

Você procura um feitiço exatamente para prender essa pessoa? Cuidado! Você pode forçá-la a ficar ao seu lado, mas isso não significa que vocês serão felizes. Pense bem antes de tentar mudar a personalidade e o destino de outra pessoa, pois isso dificilmente dá bom resultado. O que você pode fazer é alguma simpatia para que essa pessoa consiga ver novas alternativas para sua vida, para que se torne mais aberta e sensível a você; assim, talvez ela, por seus próprios meios, decida mudar e ficar com você. Somente dessa forma é que a união poderá ser bem-sucedida.

Agora, se vocês se dão bem, se se amam, se compreendem, desejam viver juntos, mas parece existir alguma coisa travando sua união, esta é a hora exata de apelar para a magia. Experimente as simpatias do catimbó e da umbanda, os feitiços das antigas bruxas e o poder dos santos casamenteiros; e pode preparar os convites para a festa...

MAGIA PARA CASAMENTO NO CATIMBÓ

Toda moça solteira (e muito rapaz também) conhece o poder de Santo Antônio para conseguir um bom casamento. Do catimbó vem uma amarração antiga, bem forte, que você pode experimentar se seu namoro se estende há muito tempo e seu amor não resolve se casar. O material é o seguinte:
- Uma imagem de Santo Antônio.
- Uma fita azul-clara.
- Uma vela azul-clara.
- Um pedaço de papel branco virgem.

- Lápis ou caneta.
- Fósforos.

Escreva no papel os nomes dos dois apaixonados. Amarre esse papel na imagem do santo, dando sete nós com a fita azul; a seguir, guarde a imagem amarrada em um lugar bem escondido em sua casa. Acenda a vela, oferecendo-a ao santo casamenteiro e fazendo seu pedido.

OUTRA AMARRAÇÃO DE CATIMBÓ

Se você ainda não encontrou o amor da sua vida, ou se o encontrou e ele não lhe dá atenção ou foge de um compromisso firme, experimente pedir a Santo Antônio que o traga para você. Use o seguinte material:

- Duas velas azuis.
- Um pedaço de papel branco virgem.
- Lápis ou caneta.
- Um copo com água adoçada com um pouco de mel.
- Fósforos.

Em um dia de lua cheia, escreva no papel seu nome e o de seu amor. Coloque esse papel no oratório em sua casa ou, se não tiver um, debaixo de uma imagem de Santo Antônio, sobre um móvel; o papel deve ficar bem escondido. Entregue aos mestres juremeiros, colocando ao lado o copo com água e as duas velas acesas. Deixe o papel nesse lugar por tempo indefinido, enquanto desejar estar com essa pessoa. Se algum dia quiser separar-se dela, queime o papel e espalhe as cinzas ao vento, longe de casa.

SIMPATIA PARA QUEM QUER CASAR

Para quem está querendo casar e não consegue, embora já namore ou pelo menos esteja apaixonado por alguém, existe uma simpatia simples mas certeira, que invoca a proteção de São Manso. Ela serve igualmente para homens e mulheres. O material necessário é apenas um retrato da pessoa amada e com quem você deseja casar-se.

Segure o retrato enquanto recita a seguinte oração:

"– Fulano(a), que São Manso te amanse, e o manso Cordeiro também, para que não bebas, não comas nem descanses; enquanto meu (minha) legítimo(a) companheiro (a) não fores. "

Repita essa oração durante seis dias seguidos. Segundo a tradição, no sexto dia a pessoa amada virá conversar com você sobre noivado ou compromisso.

BANHO DE ATRAÇÃO DA UMBANDA

Lá nos terreiros, onde cantam e dançam os que acreditam nos cultos africanos, as rezadeiras mandam que as moças casadoiras tomem esse banho. Os ingredientes são os seguintes:

- Dois litros de água quente.
- Uma rosa branca.
- Uma rosa amarela.
- Um perfume de sua preferência.

Ponha na água as pétalas das rosas e algumas gotas do perfume. Depois de tomar um banho de higiene comum, despeje essa água sobre o corpo, pensando no seu amado que está difícil de amarrar. Ele vai ficar fisgado, preso nas malhas do amor... assim dizem as iaôs e os "painhos".

SETE FITAS E UM NÓ PARA CASAR

Dizem que esse feitiço, feito com fé, dá resultado... talvez tanto quanto as juras de amor. O material é o seguinte:

- Sete pedaços de fita, cada um de uma cor (exceto preta).
- Um retrato do seu namorado(a) ou da pessoa a quem você ama e deseja amarrar.

Faça um canudo com o retrato. Pegue uma das fitas. Enrole-a no canudo e prenda com um nó, pedindo a Santo Antônio que faça a união de vocês dois. Repita esse procedimento com todas as fitas. Depois de pronto, guarde o feitiço em um lugar bem escondido pois, se ele for visto, o encantamento será destruído.

O feitiço deve ficar guardado por tempo indeterminado, enquanto durar a união de vocês. Se vocês se separarem, ou se você não quiser mais essa pessoa, desfaça a amarração. Corte os nós e abra o retrato, repetindo o seguinte:

"– Fui ano (a), assim como eu o(a) amarrei agora estou-lhe liberando para que você siga seu caminho, aberto a novos relacionamentos."

Feito isso, você pode se desfazer do material do feitiço.

FAÇA FIGA PARA CASAR

Se você deseja um amuleto para atrair uma pessoa e levá-la ao casamento, experimente usar uma figa branca pendurada no pescoço ou presa na roupa.

BANHO DE UNIÃO NO CATIMBÓ

Em Pernambuco não existe umbanda nem candomblé. O ritual lá é o catimbó, coisa feita, coisa de feitiço... É de lá que vem essa receita de um banho de união com cheiro de chuva molhando a terra. Quem me ensinou foi Mestra Laurinda, famosa feiticeira:

"– Na força do capim-cheiroso, da arruda; do abre-caminho e mais da hortelã e das margaridas, faço um banho de cheiro que é de prender homem até sem juízo... "

Você pode preparar o banho usando os seguintes ingredientes:

- Dois litros de água.
- Um punhado pequeno de cada uma das ervas citadas pela mestra de catimbó.

Ponha a água para ferver. Junte as ervas, desligue o fogo e espere esfriar. Depois, é só coar e utilizar.

REACENDENDO A CHAMA

"– *Não sei o que anda acontecendo comigo. Nunca sinto desejo de fazer amor.*"

Frases como essa são comuns em algumas pessoas, mesmo entre jovens que se sentem deprimidos e angustiados pela falta do desejo sexual. Para a medicina, há razões físicas e psicológicas para esse desinteresse; mas, mesmo conhecendo-se suas causas, esse é talvez um dos problemas de mais difícil tratamento e o que mais desperta a angústia de suas vítimas.

Depois que passa o primeiro momento de excitação e encantamento da paixão, muitas pessoas encontram o grande fantasma da insatisfação sexual. Homens e mulheres sofrem desse mal. Entre as mulheres, o mais comum é a frigidez, que é a dificuldade ou incapacidade para excitar-se e sentir prazer; entre os homens, o principal problema é a impotência associada ao desinteresse amoroso.

A verdadeira frigidez sexual é uma doença, que deve ser tratada por um médico; mas ela é mais rara do que se pensa. O que deduzo do que vejo no jogo de cartas e nas conversas íntimas com minhas clientes é que, muitas vezes, as mulheres pensam que sofrem de frigidez mas seu verdadeiro problema é a falta de carinho, das carícias preliminares que levam a pessoa a perder a timidez e, passo a passo, chegar ao prazer físico. Nesses casos, antes de procurar um médico, uma boa simpatia talvez ajude a resolver o problema, desfazendo suas inibições ou tornando seu parceiro mais carinhoso.

A impotência também pode ter causas físicas, como o envelhecimento, certas doenças ou o uso de alguns remédios. Mas o mais comum é que sua origem esteja nas tensões do dia-a-dia, que não deixam que a pessoa relaxe e se dedique ao prazer. Por isso, remédios e feitiços que ajudem a descontrair e que aumentem o vigor podem resolver o problema.

Desde que o mundo é mundo, as pessoas preocupadas com o declínio da potência sexual recorrem a certas substâncias (raízes, plantas, frutos, licores, perfumes e até pós muito secretos) consideradas capazes de restaurar a excitação e tornar os seres humanos mais aptos para o amor físico: são os chamados afrodisíacos. Entretanto, como eles são estimulantes, as pessoas cardíacas ou com úlceras no estômago não devem ingerir poções do amor sem saber se ela não lhes fará mal.

O nome dado a esses produtos vem de Afrodite, filha de Urano, a deusa grega do amor. Conta a lenda que ela nasceu das águas do mar. Deusa do sexo e do prazer, foi cantada em verso e prosa na Roma pagã, onde era festejada nas loucas bacanais sob o nome de Vênus; e na Grécia antiga, onde espalhou o sonho dos mais sensuais prazeres. Mas, quando chegou a Idade Média, com seus padres encapuzados e seus castelos fechados, Afrodite caiu de seu altar de luxúria diretamente para o inferno. Quem tomasse uma receita de Afrodite ia, por certo, para a prisão, ou era excomungado. Então, as bruxas e os feiticeiros guardaram bem escondidas as poções mágicas, os filtros de amor, as beberagens; mas agora, quando a Medicina Natural toma lugar nas cidades grandes, eles voltaram a ser fabricados, para nossa alegria; pois quem não gosta de um estímulo, de um vôo mais alto nas águas de Afrodite? Assim, vamos soltar os bruxos, os Merlins e as Évoras, e fabricar ungüentos, pós e chás para destruir a impotência e a falta de imaginação.

Muitas substâncias são usadas como afrodisíacas. Afirmam os entendidos que elas aumentam o interesse sexual; mas algumas atuam somente por sugestão, ou seja, quem toma um chá dessas raízes ou folhas, se convence a tal ponto da eficácia do preparado, que acredita realmente sentir seus efeitos. É o caso do amendoim e do álcool, que funcionam para quase todos os brasileiros, embora nada tenham de afrodisíacos: o álcool apenas reduz a ansiedade, desinibe e encoraja as pessoas a liberarem seus impulsos sexuais.

Muitos acreditam nos poderes do ovo de codorna, que também nunca funcionou nesse sentido. Uma planta muito em moda para excitar e aumentar o vigor é o ginseng: originário do Extremo Oriente, o 'Panax schinseng' é usado em poções afrodisíacas na China. No Brasil, ele pode ser encontrado em grandes mercados e lojas especializadas em produtos naturais e orientais; é muito aceito pelos jovens e adorado por muitas "seitas novas" de magia.

No Antigo Testamento, conta-se que Raquel, irmã de Lia, a mais nova das filhas de Labão, serviu-se da mandrágora para atrair o marido Jacó. Desde esses tempos, a mandrágora vem tendo aceitação como afrodisíaco poderoso, porque a raiz dessa planta tem a forma que lembra um homem com o membro ereto. O alquimista alemão Paracelso, que viveu no século XVI, e seu seguidor, Oswald Croll, adotavam essa teoria, alegando que a natureza sugere por meio da forma para que servem as plantas. Mas os pesquisadores modernos negam o fato, dizendo que a crença a esse respeito é bruxaria, coisa do passado: a mandrágora pertence à família da batata, do tabaco e do tomate, nada tendo de afrodisíaco; entretanto, a antiga crença permanece viva e a mandrágora é uma das substâncias consideradas afrodisíacas. Usada na Idade Média como beberagem nas missas negras e nas bacanais, hoje ela é vendida em escala nunca vista.

Os índios da América do Norte usavam muitas receitas com cogumelos e raízes mas, na verdade, em vez de afrodisíacos, seus remédios eram alucinógenos, pois continham mescalina e psilocibina; assim, além de causarem grande desconforto, eles abriam a porta para um vício terrível e o amor, o maior dom do ser humano, nada tem a ver com isso, não é?

Antigos remédios dos índios brasileiros, como a catuaba e o jatobá, testados, revelaram-se poderosos afrodisíacos, acordando estímulos nos homens mais frios. Mas nem só de raiz de catuaba, guaraná em pó e jatobá vive o universo das plantas do amor. Há muitas outras, cada uma com seus cheiros gostosos, aromas de fantasias sexuais, que despertam o apetite e a sensualidade em homens e mulheres...

SEGREDOS CIGANOS PARA DESPERTAR O AMOR

Os ciganos conhecem e usam muitas plantas consideradas afrodisíacas, como a raiz de mandrágora e o ginseng. Além desses dois produtos, os ciganos também consideram afrodisíacos diversos alimentos e ervas, como beladona, batata, amendoim, pimentão, tabaco, pimenta, gema de ovo, ova de peixe, canela, cravo, baunilha, vinho, cogumelos e carne de porco.

UNGÜENTO AFRODISÍACO CIGANO

Os ciganos usam fórmulas mágicas para aumentar o desejo, em vez de simples chás e beberagens. Uma receita bem eficaz, recomendada aos clientes no Templo de Magia Cigana, usa os seguintes ingredientes:

- Sete flores de sabugueiro.
- Óleo de amêndoas.
- Um pilão.
- Um potinho com tampa.

Ponha as flores para secar em lugar arejado por alguns dias. Depois que elas estiverem bem secas, soque-as com o pilão até que fiquem reduzidas a um pó fino. Em seguida, prepare uma pasta juntando a elas um pouco do óleo de amêndoas. Guarde no pote bem fechado.

Na Lua cheia, passe essa pasta na região do plexo sexual (no ventre, logo acima dos órgãos sexuais). Fazendo com fé, o resultado será excelente.

LINIMENTO AFRODISÍACO INDIANO

A romã é associada à fertilidade desde tempos antigos, sendo consagrada à deusa Afrodite e, na Índia, à amorosa Laksmi. Por isso, é uma das frutas mais usadas na magia do amor. Se você deseja aquecer um encontro com seu amor, experimente usar um linimento feito com os seguintes ingredientes:
- Sementes de uma romã.
- Um pouco de azeite doce.

Soque as sementes de romã até transformá-las em uma pasta. Misture o azeite morno. Utilize este linimento nos órgãos sexuais.

MANDINGA BAIANA PARA ACABAR COMA FRIEZA DA ESPOSA OU DO MARIDO

Experimente e verifique o efeito dessa mironga baiana, desse fuxico das ladeiras de Salvador, das bandas do Bonfim, de Amaralina e do Abaeté. O material necessário é o seguinte:
- Uma pequena porção de pimentas-malaguetas frescas.
- Um pouco de azeite de oliva (azeite doce).
- Um vidro com tampa.
- Um pilão ou outro instrumento para socar as pimentas.

Amasse bem as pimentas. Misture o azeite, repetindo enquanto faz isso: *"Vai-te embora, frio, que a malagueta esquenta. Vai-te embora, frio, que a pimenta esquenta."*

Coloque a mistura no vidro, feche e deixe curtir durante uma semana. Passado esse período, todos os dias coloque um pouquinho da pimenta na comida da pessoa que anda fria. Quando a pessoa for comer, repita mentalmente: "*Vai-te embora, frio, que a malagueta esquenta.*"

Geralmente, essa mironga funciona em poucos dias.

TEMPERO AFRODISÍACO

O amor não vive só de rivalidades, mas de muita sedução e dengo. Por isso, quando o marido anda meio frio, as baianas costumam esquentá-lo no dendê...dizem que é tiro-e-queda. O dendê é o chefe das comidas de santo (aquelas que os orixás comem nos dias de festa), tanto que a maior parte delas é conhecida como "comida de azeite". Vatapá, caruru, efó, acarajé são comidas que levam dendê em grande quantidade. Todas elas têm o dom de esquentar e levantar os cansados, com a cor de ouro puro do dendê, bela, provocante e cheia de feitiço.

Esse molho serve para acompanhar bacalhau, peixe, caranguejo e o delicioso camarão. É, acima de tudo, um molho afrodisíaco, cheio de desejos e de promessas. Os ingredientes são os seguintes:

- Uma pimenta-malagueta.
- Sal a gosto.
- Cebola picada.
- Coentro picado.
- Vinagre.

- Azeite-de-dendê.
- Um pilão.

Soque a pimenta com o sal e a cebola até formar uma pasta. Retire-a do pilão e misture o coentro, o vingre e o dendê. Use a gosto por cima da comida.

BEBIDA PARA O AMOR

Os antigos têm receitas fortificantes que aumentam o interesse amoroso. Uma delas leva os seguintes ingredientes:

- Um copo de leite quente.
- Acúcar a gosto.
- Uma colherinha de manteiga.
- Um pouco de alcaçuz.

Misture tudo e tome.

RECEITA AFRODISÍACA

Um bom efeito afrodisíaco pode ser obtido tomando-se uma gemada feita com os seguintes ingredientes:

- Um ovo.
- Açúcar a gosto.
- Um copo de leite bem quente.

Bata bem o ovo com açúcar, de modo a fazer um creme liso. Junte o leite e tome em seguida.

ELIXIR DA JUVENTUDE DE CORA LA MANUCHE

Essa é uma receita cigana com a qual muitos obtêm novamente sua potência já cansada. Os ingredientes são os seguintes:

- Uma colher de chá de marapuama.
- Uma colher de chá de catuaba.
- Uma colher de chá de guaraná em pó.
- Uma xícara de água.
- Mel de laranjeira (o mel produzido pelas abelhas da floração de laranjeiras, o que é indicado no rótulo do mel de boa qualidade).

Ferva a água com a marapuama, a catuaba e o guaraná. Deixe amornar. Adoce a gosto com o mel. Tome somente uma vez ao dia.
Beba também muito líquido durante o dia.

POÇÃO DE AMOR CIGANA

Os ingredientes para uma dose dessa receita são os seguintes:
- Uma pitada de pó de raiz de ginseng.
- 10g de fava de baunilha.
- 60 g de açúcar.
- Uma pitada de canela em pó.
- Uma xícara de água fervente.

Misture tudo e deixe amornar. Tome somente uma vez ao dia.

ELIXIR DE AMOR DA CIGANA LA ROSE

Essa cigana, que ainda não havia perdido a vitalidade mesmo com seus 69 anos bem vividos, ensinou-me seu segredo, que consiste na seguinte receita:

- Um pedaço pequeno de catuaba.
- Um cálice de suco de uva.
- Um pauzinho de canela.
- Um pouco de açúcar.

Misture tudo e tome em uma das refeições principais, somente uma vez ao dia.

Essa beberagem não deve ser ingerida seguidamente. Depois de usar um litro de suco, deve-se parar por um período, recomeçando depois.

POÇÃO PARA FORTALECER

Essa receita das ciganas de Évora leva os seguintes ingredientes:

- Uma dúzia de ovos de codorna.
- Um litro de leite.
- Uma lata de leite condensado.
- 300g de marmelada.
- Uma colher de breu.
- Duas colheres de noz-moscada ralada.

Bata tudo no liquidificador e guarde na geladeira. Tome um cálice às refeições.

ELIXIR AFRODISÍACO

Esse elixir, receitado pelos mestres do catimbó, leva os seguintes ingredientes:

- Um litro de água.
- Uma porção de jatobá.

Prepare um chá com o jatobá e a água. Depois de pronto, retire a erva e guarde a bebida na geladeira para utilizar aos poucos, conforme a necessidade. Dizem que esse elixir faz milagres...

ELIXIR AFRODISÍACO DA BRUXA SALAMANDRA

Ingredientes:
- Uma garrafa de suco de uva.
- Uma porção de pau-ferro.
- Uma porção de gengibre.
- Uma porção de carqueja.

Coloque as ervas para curtir dentro do suco durante uma semana, mantendo na geladeira para não estragar. Coe e guarde na geladeira para utilizar aos poucos.

CHÁ AFRODISÍACO DA BRUXA SALAMANDRA

Os ingredientes para uma dose são os seguintes:

- Uma xícara de chá de água fervente.
- Uma porção de mandrágora ou de ginseng.

Coloque a erva em infusão na água fervente, deixando no fogo brando por alguns minutos. Espere amornar e tome na hora de deitar-se.

CHÁ AFRODISÍACO PARA HOMENS

Os ingredientes para uma dose são os seguintes:

- Uma xícara de chá de água fervente.
- Uma porção de marapuama.
- Uma porção de cipó-bravo.
- Uma porção de mastruço.
- Uma porção de sálvia.

Coloque as ervas na água fervente. Desligue o fogo e deixe amornar antes de utilizar.

CHÁ AFRODISÍACO PARA MULHERES

Os ingredientes para uma dose são os seguintes:

- Uma xícara de chá de água fervente.
- Um punhado de cravo-da-índia.
- Um punhado de camomila romana.

Coloque os ingredientes na água fervente. Desligue o fogo e deixe amornar antes de utilizar.

BEBIDA AFRODISÍACA DOS ANTIGOS CABOCLOS

Essa bebida é um estimulante que revigora o corpo e dá mais disposição para o amor. Os ingredientes para uma dose são os seguintes:

- Um punhado de jurubeba.
- Um punhado de marapuama.
- Uma pitada de guaraná em pó.
- Uma xícara de água.

Prepare um chá com as ervas. Tome algum tempo antes da hora de ir deitar-se.

MENSAGEM FINAL

Ao longo deste livro, você aprendeu muitas magias para tornar-se mais atraente, para conquistar um amor, para prendê-lo a você e para manter sempre acesa a chama da paixão. Use-as com sabedoria, pois nem sempre o nosso desejo mais imediato é o melhor para nós e para as outras pessoas. E lembre-se de uma coisa importante: os efeitos das magias não duram para sempre.

Dizem que as magias de amor duram sete anos. Por isso, não relaxe: cultive seu amor conquistado, usando todos os meios não-mágicos também, como seu encanto natural, seu bom humor, sua compreensão, seu carinho. Assim, quando o efeito do feitiço passar, seu amor continuará amarrado... sem que você precise recorrer a novos feitiços para isso!

OBRAS CONSULTADAS

Alcorão.
Alexandrian. *História da filosofia oculta.*
Bíblia Sagrada.
Branco, Marisa Castelo. *Do Egito milenar à eternidade.* Gion.
Farelli, Ana Lúcia. *Quiromancia cigana.* Eco.
Farelli, Ana Paula. *Simpatias milagrosas dos ciganos.* Eco.
Farelli, Maria Helena. *Kali, magia e mistério dos ciganos.* Madras.
Farelli, Maria Helena. *Pomba-gira cigana.* Pallas.
Farelli, Maria Helena. *Rituais secretos da magia negra e do candomblé.* Pallas.
Gili, Gustavo. *Egipto, arte y civilización.* Barcelona.
Henderson, George. *Arte medieval.* Cultrix.
Huxley, Francis. *O sagrado e o profano.* Primor.
Livro dos mortos do Egito.

Maria Helena Farelli
Telefones: 21 3277-1480 / 21 2549-0624 / 21 9954-4494
E-mail: mariahelenafarelli@gmail.com

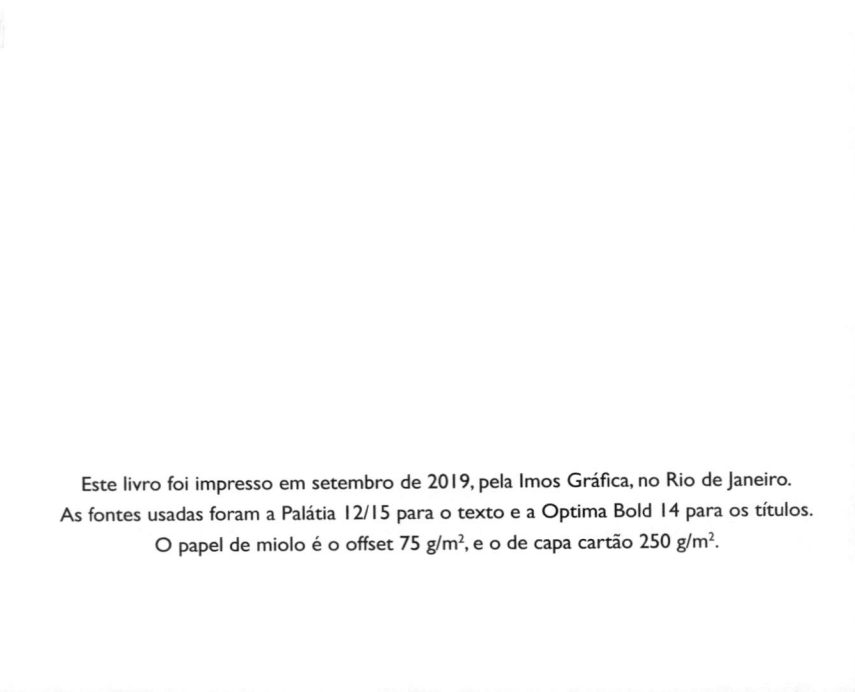

Este livro foi impresso em setembro de 2019, pela Imos Gráfica, no Rio de Janeiro.
As fontes usadas foram a Palátia 12/15 para o texto e a Optima Bold 14 para os títulos.
O papel de miolo é o offset 75 g/m², e o de capa cartão 250 g/m².